Bibliothek der Abenteuer

Ch. B. Nordhoff / J.N. Hall

DIE MEUTEREI AUF DER BOUNTY

Band II: Meer ohne Grenzen

Charles B. Nordhoff /
James Norman Hall

DIE MEUTEREI AUF DER BOUNTY
Band II: Meer ohne Grenzen

Aus dem Amerikanischen
von Ernst Simon

Arena

Die Reihe »Bibliothek der Abenteuer«
wird herausgegeben von Heinrich Pleticha

Die Deutsche Bibliothek – CIP-Einheitsaufnahme

Nordhoff, Charles B.:
Die Meuterei auf der Bounty /
Charles B. Nordhoff; James Norman Hall.
Bd. 2 Meer ohne Grenzen / aus dem Amerikan.
übers. von Ernst Simon.
– 1. Aufl. – 1993
ISBN 3-401-04442-7
– Würzburg : Arena.
(Bibliothek der Abenteuer)

Zur Herstellung dieses Buches wurde ein Naturpapier verwendet, das vollkommen ohne Elementarchlor und ohne Chlorverbindungen gebleicht wurde.

1. Auflage 1993

Mit freundlicher Genehmigung der F.A.Herbig
Verlagsbuchhandlung GmbH, München
Übersetzung aus dem Amerikanischen von Ernst Simon
Titel der amerikanischen Originalausgabe: »Mutiny of the Bounty«
Einbandgestaltung: Karl Müller-Bussdorf
Gesamtherstellung: Chemnitzer Verlag und Druck GmbH
Werk Zwickau
ISBN 3-401-04442-7

Meer ohne Grenzen
Erstes Buch

THOMAS LEDWARD, Wundarzt in Seiner Majestät Marine, erzählt von der Fahrt, die Kapitän William Bligh mit achtzehn seiner Leute im offenen Boot durch 3600 Meilen undurchforschten Ozean unternahm.

DIE MÄNNER IN DER BARKASSE DER »BOUNTY«

William Bligh, Kapitän

John Fryer, Schiffer

Thomas Ledward, Wundarzt

David Nelson, Botaniker

William Peckover, Konstabler

William Cole, Bootsmann

William Elphinstone, Waffenmeistersmaat

William Purcell, Zimmermann

Thomas Hayward, Kadett

John Hallet, Kadett

Robert Tinkler, Kadett

John Norton, Quartiermeister

Peter Lenkletter, Quartiermeister

George Simpson, Quartiermeistersmaat

Lawrence Lebogue, Segelmacher

John Samuel, Schreiber

Robert Lamb, Metzger

Thomas Hall, Koch

John Smith, Koch

1

Am Morgen des 28. April 1789, als die »Bounty« vor einem leichten östlichen Winde nicht weit von Tofoa dahinsegelte, wurde ich kurz nach Tagesanbruch von Charles Churchill, dem Waffenmeister, und John Mills, dem Konstablersmaat, geweckt, die mir mitteilten, daß sich Leutnant Fletcher Christian unter Zustimmung des größten Teils der Mannschaft des Schiffes bemächtigt habe und daß ich sogleich auf Deck gehen solle. Ich eilte auf Deck. Als ich das Schiff in der Gewalt bewaffneter Aufständischer und Kapitän Bligh als Gefangenen in ihrer Mitte sah, wollte ich zuerst meinen Augen nicht trauen. Ich erkannte, daß jeder Gedanke an Widerstand sinnlos war. Zwei Matrosen richteten die Bajonette ihrer Musketen auf mich, Elphinstone und John Norton, einen der Quartiermeister. Ich erinnere mich genau, daß einer der Männer zu mir sagte: »Bleiben Sie dort stehen, Mr. Ledward. Wir wollen Ihnen nichts zuleide tun, aber, bei Gott, wenn Sie nur einen einzigen Schritt auf Kapitän Bligh zutun, renne ich Ihnen das Ding hier in den Leib!«

Bald darauf erfuhren wir, was man mit uns vorhatte, doch wir hatten damals keine Zeit, um über die schrecklichen Folgen dieser grausamen Entschlüsse nachzudenken. Auf dem Schiff herrschte völliger Aufruhr, und um ein Haar wäre Kapitän Bligh ermordet worden. Zuerst hatte man die Absicht, uns in dem Kutter auszusetzen, aber dessen Boden war so morsch, daß man uns schließlich die Barkasse zugestand. Während Vorbereitungen getroffen wurden, das Fahrzeug auf das Meer hinabzulassen, kam Fletcher Christian auf mich zu.

»Mr. Ledward, Sie können auf dem Schiff bleiben, wenn Sie es wünschen«, sagte er.
»Ich werde Kapitän Bligh folgen«, entgegnete ich.
»Dann los – in das Boot mit Ihnen!«
»Aber Sie werden uns doch nicht ohne die notwendigen Arzneimittel aussetzen, Mr. Christian!« Christian befahl einem Matrosen, mich hinunterzuführen, und gestattete mir, den kleinen Medizinkasten mitzunehmen. Glücklicherweise enthielt der Kasten, den ich immer für Landexpeditionen bereithielt, chirurgische Instrumente, Verbandzeug und die wichtigsten Heilmittel, die für Leute in unserer Lage am notwendigsten waren. Ich legte noch ein halbes Dutzend Weingläser in den Kasten, die sich später als äußerst nützlich erweisen sollten. Nachdem ich rasch einige Kleidungsstücke zusammengerafft hatte, führte man mich wieder auf Deck. Das Boot war schon auf das Meer hinabgelassen worden. Kapitän Bligh, Fryer, der Schiffer, William Cole, der Bootsmann, und mehrere andere befanden sich bereits darin. Ich war unter den letzten, die die Barkasse bestiegen. Nur Mr. Samuel, der Schreiber des Kapitäns, und Robert Tinkler, ein Kadett, folgten mir noch. Das Boot lag jetzt schon so tief im Wasser, daß Kapitän Bligh bat, man möge niemanden mehr hinablassen, obgleich, wenn ich mich recht erinnere, noch zwei Kadetten und drei oder vier Matrosen mit uns fahren wollten. Zum Glück – für sie und für uns – erlaubte man es ihnen nicht, denn es waren schon neunzehn Menschen in dem Boot, das jetzt schon gefährlich überladen war. Bald darauf wurde das Boot losgemacht, und das Schiff entfernte sich langsam von uns. Zwei Stunden später war die »Bounty« nur noch ganz ferne am Horizont sichtbar.
Bligh saß mit finsterem Gesicht auf seinem Platz und starrte auf das ferne Schiff. Nicht einen Augenblick wandte er seinen Blick von der »Bounty« ab. Er schien uns alle vergessen zu

haben, und keiner von uns dachte daran, ihn durch Sprechen an unsere Anwesenheit zu erinnern. Unsere Gedanken waren geradeso trübsinnig wie die seinen. Mein Mitgefühl in dieser schweren Stunde wandte sich Mr. Bligh zu; ich konnte mir leicht vorstellen, wie schmerzlich ihm der Zusammenbruch all seiner Pläne sein mußte. Wir befanden uns auf der Rückfahrt, nachdem der Zweck unserer langen Reise – in Tahiti Brotfruchtbäume zu sammeln – vollkommen erreicht worden war. Diese Aufgabe, die ihm von der Regierung durch die Vermittlung seines Freundes und Gönners Sir Joseph Banks anvertraut worden war, war ihm sehr ehrenvoll erschienen, und er hatte das in ihn gesetzte Vertrauen vollauf gerechtfertigt. Nun waren alle seine Hoffnungen in einem einzigen Augenblick vernichtet worden. Sein Schiff hatte er verloren; die unschätzbaren Karten, die er von Küsten und Inseln angelegt hatte, gleichfalls. Nichts besaß er mehr, das Zeugnis hätte ablegen können von seiner mühevollen und gewissenhaften Arbeit. Mit achtzehn seiner Leute trieb er in einem Boot seines eigenen Schiffes auf dem Meer. Der nächste Ort, an dem er hätte Hilfe finden können, war Tausende Meilen entfernt.
Langsam bewegten wir uns auf Tofoa, die nordwestlichste der Freundschaftsinseln, zu; unsere Erfahrungen mit ihren Bewohnern, wenige Tage vor der Meuterei, waren äußerst negativ gewesen, denn wir fanden sie im höchsten Grade wild und heimtückisch, so verschieden wie nur möglich von den Indios auf Tahiti. Nur der Besitz von Feuerwaffen hatte uns vor Angriffen geschützt, während wir auf der Insel Namuka Holz und Wasser eingenommen hatten. Tofoa hatten wir nicht besucht, und als ich auf die zarte blaue Küstenlinie am Horizont blickte, versuchte ich – aber mit geringem Erfolg – mir vorzustellen, daß unsere Erfahrungen dort glücklicher sein würden.
Mancher angstvolle Blick schweifte zu Kapitän Bligh hin,

aber etwa eine Stunde lang blieb er in der gleichen Stellung sitzen, dem weit entfernten Schiff nachstarrend. Als er sich endlich abwandte, schien er die »Bounty« mit einem Male vergessen zu haben. Er übernahm sein neues Kommando mit einem Selbstvertrauen und einer ruhigen Festigkeit, die uns frischen Mut fassen ließ. Zunächst war sein Wille darauf gerichtet, eine gewisse Ordnung in das Boot zu bringen. Die Barkasse war, wie bereits bemerkt, gefährlich überladen, aber nachdem wir unser Hab und Gut so raumsparend wie nur möglich verstaut hatten, fanden wir doch ein wenig Ellbogenfreiheit. Eine Prüfung der Vorräte ergab, daß wir sechzehn Stück Schweinefleisch von je zwei Pfund, drei Säcke voll Brot im Gewicht von je fünfzig Pfund, sechs Flaschen Rum, sechs Flaschen Wein und in drei Fässern achtundzwanzig Gallonen Wasser hatten. Ferner vier leere Fässer mit einem Fassungsvermögen von je acht Gallonen. Dem Zimmermann Purcell war es gelungen, eine seiner Werkzeugkisten mitzunehmen. Unsere übrige Ausrüstung bestand aus unseren persönlichen Habseligkeiten, meiner Arzneikiste, den beiden Lugsegeln, zwei oder drei Ersatzsegeln, ein paar Tauen und einem Kupfertopf.

Glücklicherweise war die See ruhig; auch die Wetteraussichten waren so günstig, daß wir hoffen durften, Tofoa heil zu erreichen. Jede Stunde wurden die Ruderer ausgewechselt, an jeden von uns kam die Reihe. Allmählich wurden die Umrisse deutlicher, und um die Mitte des Nachmittags hatten wir etwa die halbe Entfernung zurückgelegt. Der Wind frischte auf, Kapitän Bligh setzte sich ans Steuer, und wir nahmen Kurs auf die Nordseite der Insel.

Die Sonne tauchte hinter uns ins Meer, und im Abendlicht hob sich die Insel nunmehr in klaren Linien vom Horizont ab. Die höchste Spitze des Gebirges, einen Vulkan, schätzten wir auf etwa zweitausend Fuß Höhe. Eine zarte Rauchwolke schwebte darüber, gelb schimmernd in den letzten Strahlen der Sonne. Beim Einbruch der Dunkelheit waren wir noch zu weit von der Küste entfernt, um die Feuer der Eingeborenen zu sehen, falls die Insel bewohnt wäre, woran der Kapitän zweifelte.

Als wir eine Meile vom Land entfernt waren, erstarb der Wind, und wieder wurden die Ruder zu Hilfe genommen. Wir näherten uns dem felsigen Ufer, bis das Donnern der Brandung an unser Ohr drang, aber in der Dunkelheit konnten wir keine Stelle ausfindig machen, an der eine Landung möglich gewesen wäre. Überall stürzten die Klippen beinahe senkrecht ins Meer ab.

Erst nachdem wir längere Zeit vor der Insel gekreuzt hatten, fanden wir eine Stelle, an der wir ohne allzu große Gefahr die Nacht verbringen konnten, denn die Brandung war hier sehr schwach.

Bligh ließ jedem von uns eine Ration Grog zuteilen, und ich begriff zum ersten Male, wie gut es gewesen war, die Weingläser mitgenommen zu haben. Der Grog stimmte uns ein wenig fröhlicher, wohl deshalb, weil dieser abendliche Trunk eine gewohnte Sache war, die uns, zumindest einen Augenblick lang, unsere hoffnungslose Lage vergessen ließ. Zwei Leute blieben während der Nacht an den Rudern, während wir übrigen es uns so bequem machten, wie es uns in dieser beengten Lage möglich war. Bald verstummte das leise Gespräch, und das Schweigen, das folgte, war das einer Schar Männer, die durch den Gedanken an die bevorstehenden gemeinsamen Gefahren vereint waren.

2

Während der Nacht wurde das Boot dicht am Ufer gehalten. Mir zunächst saßen Elphinstone, der Waffenmeistersmaat, und Robert Tinkler, der jüngste Kadett der »Bounty«, ein Junge von fünfzehn Jahren. Tinkler, der immer gut aufgelegt war, teilte die bösen Vorahnungen, die uns Ältere bedrückten, nicht im mindesten. Er machte sich gar keine rechte Vorstellung von unserer Lage, und es spricht sicherlich für ihn, daß er, auch als ihm die Gefahren, die uns umgaben, zum Bewußtsein kamen, den Mut nicht verlor.

Noch ehe der Morgen graute, waren wir alle wach, und sobald es hell genug war, setzten wir unsere Fahrt längs der Küste fort, die aber so steil war, daß wir nirgendwo eine Landung versuchen konnten, ohne das Boot in höchste Gefahr zu bringen.

Gegen neun Uhr kamen wir zu einer engen, felsigen Bucht, und da wir vor dem Sturm, der sich inzwischen erhoben hatte, keinen anderen Schutz finden konnten, fuhren wir in diese Bucht ein und warfen etwa fünfzehn Meter vom Ufer entfernt Anker.

Das Ufer war steil und steinig und machte einen so öden Eindruck, daß wir nicht hoffen konnten, dort irgend etwas Eßbares zu finden. Kapitän Bligh stand auf und untersuchte die Gegend sorgfältig, während wir anderen seinen Entschluß erwarteten. Mit einem säuerlichen Lächeln wandte er sich Mr. Nelson zu.

»Bei Gott, Sir«, sagte er, »wenn Sie hier auch nur eine einzige eßbare Beere finden, trete ich Ihnen heute meinen Abendgrog ab.«

»Ich schätze, dabei riskieren Sie nicht viel«, meinte Mr. Nelson. »Trotzdem werde ich es gerne versuchen.«

»Das wollen wir auf alle Fälle«, nickte Bligh; dann gab er dem

Schiffer die Weisung: »Sie werden mit sechs Mann im Boot bleiben, Mr. Fryer.«

Das Boot wurde so nahe wie möglich an das Land herangerudert, dann wateten wir durch das seichte Wasser ans Ufer. Der Strand war mit runden, glatten Steinen übersät, und es war nicht leicht, festen Halt zu finden, solange wir im Wasser waren.

Das Land, das wir nun betraten, war steinig und mit dürftigem Gras, niedrigem Gestrüpp und vereinzelten Bäumen bewachsen. Der ebene Strand erstreckte sich nur ein kleines Stück weit bis zum Fuß der mit Schlingpflanzen und Farnkräutern bedeckten, fast senkrechten Felsen. Mr. Bligh bestimmte seinen Schreiber Samuel, Norton, Purcell, Lenkletter und Lebogue dazu, eine Ersteigung der Felsen zu versuchen. Purcell nahm einen der Säbel mit sich, während die anderen derbe Stöcke zur Hand nahmen. Solcherart bewaffnet, machten sie sich auf den Weg und waren bald unseren Blicken entschwunden. Sie führten den kupfernen Kessel und ein von Eingeborenen gefertigtes Gefäß mit sich, das wir an einen Baum hängend gefunden hatten. Wir anderen trennten uns; die einen gingen auf die Suche nach Krabben, während die anderen den Strand näher erforschen wollten. Nelson und ich durchforschten die linke Seite der Bucht, wo wir ein schmales Tal fanden; aber bald versperrte uns eine glatte Felswand den Weg. Wir konnten keinen Tropfen Wasser finden, und aus dem kargen Pflanzenwuchs ging nur zu klar hervor, daß, zumindest auf dieser Seite der Insel, Regen eine seltene Erscheinung war.

Als wir uns niedersetzten, um uns einen Augenblick auszuruhen, schüttelte Nelson mit einem schwachen Lächeln den Kopf.

»Mr. Bligh konnte mir leicht seinen Grog anbieten«, bemerkte er. »Wir werden hier nichts finden, weder Nahrung noch Wasser.«

»Wie denken Sie über unsere Aussichten?« fragte ich.
»Ich habe noch nicht so recht darüber nachgedacht«, antwortete er. »Wasser werden wir wohl auf der anderen Seite der Insel finden und vielleicht auch genug Nahrungsmittel, um uns eine gewisse Zeit am Leben zu erhalten. Darüber hinaus . . .« Er ließ den Satz unbeendet. Nach einer Weile fuhr er fort: »Unsere Lage ist nicht hoffnungslos. Mehr können wir heute nicht sagen.«
»Jedenfalls ist Bligh für eine solche Lage der rechte Mann«, meinte ich.
»Das gebe ich zu. Aber was kann er tun, Ledward? Wohin, um Himmels willen, können wir uns wenden? Wir wissen nur zu gut, welch heimtückische Wilde diese sogenannten Freundschaftsinsulaner sind. Ich spreche zu Ihnen ganz offen. Die anderen werde ich, so gut es geht, zu ermutigen versuchen, aber unter uns brauchen wir doch keine Komödie zu spielen.« Nelson sprach in einem ruhigen, gleichmäßigen Ton, der seine Worte nur um so eindrucksvoller machte. »Ich glaube, daß Bligh uns zurück nach Namuka führen wird oder aber nach Tongataboo.«
»Es scheint keine andere Möglichkeit zu geben«, antwortete ich, »es sei denn, daß wir uns hier niederlassen können.«
»Glaube ich nicht. Früher oder später werden wir die Freundschaft dieser Insel auf solche Art zu spüren bekommen, daß wir uns ihrer nicht lange bei lebendigem Leibe zu erfreuen haben werden.«
Wir kehrten zum Strand zurück und erfuhren, daß die anderen nicht erfolgreicher gewesen waren als wir. Kapitän Bligh hatte eine Höhle gefunden, die offenbar früher häufig benutzt worden war. Sie war vollkommen trocken. Ein Fund, den wir in ihr machten, war keinesfalls beruhigend. Auf einem Felsvorsprung lagen nebeneinander sechs Menschenschädel, die, wie ich auf Grund meiner ärztlichen Erfahrung feststellte, vor ein

oder zwei Jahren gelebt hatten und keines natürlichen Todes gestorben waren.

Um die Mittagsstunde kehrte die zur Durchforschung der weiteren Umgebung ausgesandte Expedition zurück, völlig erschöpft, mit zerrissenen Kleidern und mit Schrammen und Hautabschürfungen an Armen und Beinen. Sie hatten weder einen Fluß noch eine Quelle entdeckt und ebensowenig eine Spur von Bewohnern. Ihrer Ansicht nach war die Insel gegenwärtig unbewohnt.

Als wir wieder in unserem Boot waren, nahmen wir die erste Mahlzeit seit dem Verlassen der »Bounty« ein. Jeder Mann erhielt ein winziges Stück Brot und ein Glas Wasser. Gleich darauf ruderten wir aus der Bucht.

»Wir müssen versuchen, auf die Südseite zu gelangen«, sagte Bligh. »Ich glaube, da werden wir Wasser finden. Ich habe bemerkt, daß dort die Pflanzen eine viel grünere Farbe haben.«

Als wir uns von der schützenden Küste entfernt hatten, wurde der Wind zum Orkan, und die Wogen stürzten mit solcher Gewalt über das Boot, daß wir ohne Unterlaß das Wasser ausschöpfen mußten. Schwer beladen, wie sie war, geriet die Barkasse in ernste Gefahr zu kentern. Da wir trotz eifriger Ausschau weder einen anderen Landungsplatz noch eine Spur von Wasser fanden, hielt Kapitän Bligh es für das beste, wieder Zuflucht in der schmalen Bucht zu suchen.

Wir erreichten unseren Ankerplatz etwa eine Stunde nach Eintritt der Dunkelheit, und jeder einzelne von uns war von größtem Hunger geplagt. Doch wieder mußten wir uns mit einer äußerst kärglichen Ration begnügen.

Am nächsten Morgen machten wir erneut einen Versuch, auf dem Seewege zur Luvseite der Insel zu gelangen. Der Himmel war heiter, aber der Wind hatte nicht nachgelassen, und der erste erfolglose Versuch bewies uns, daß wir nicht darauf hoffen durften, in unserem schwerbeladenen Boot den Kampf mit dem stürmischen Meer zu gewinnen. Daher mußten wir die Erforschung der Insel auf dem Landweg versuchen. Bligh machte sich mit Nelson, Elphinstone, Cole und mir auf den Weg, und wir hatten Glück, einen landseitigen Zugang zur Bucht zu finden. Durch eine enge Schlucht erreichten wir in halsbrecherischer Kletterei die Höhe und befanden uns jetzt mindestens dreihundert Fuß über dem Meer.

Von diesem Aussichtspunkt aus hatten wir freien Ausblick auf den Vulkan, der sich scheinbar in der Mitte der Insel erhob. Durch ein zerklüftetes Gebiet von trostloser Öde wanderten wir auf den Berg zu. In einem etwas breiteren Tal hofften wir Wasser zu finden, aber wir fanden nur einige lauwarme Pfützen. Ein wenig weiter gelangten wir zu verlassenen Eingeborenenhütten und fanden einige Pisangbäume, deren Früchte wir mit uns nahmen. Immer öder wurde das Land, das stellenweise von Lavafeldern bedeckt war, und da keine Hoffnung bestand, unsere Ausbeute zu erhöhen, kehrten wir um die Mittagszeit zu unserer Bucht zurück.

Nachdem jeder von uns zum Mittagessen zwei gekochte Pisangfrüchte, ein Stückchen Pökelfleisch und ein Weinglas voll Wasser bekommen hatte, machte sich unter Führung Fryers eine neue Expedition auf den Weg, um die einzige Richtung, in der wir bislang noch nicht vorgestoßen waren, nach Nahrungsmitteln zu durchsuchen.

Der Trupp war zwölf Stunden unterwegs und kehrte gegen zehn Uhr abends mit leeren Händen zurück; Robert Tinkler fehlte. Er hatte sich, wie Fryer berichtete, kurz vor der Umkehr von den anderen getrennt. Bligh geriet über die Nachricht in heftigen Zorn.

»Was, Sir«, brüllte er Fryer an, »Sie können also nicht einmal sieben Leute zusammenhalten? Hol' Sie der Teufel! Muß ich denn bei jedem Schritt dabeisein? Sofort kehrt ihr um und kommt nicht ohne ihn zurück!«

Schweigend machten sich die Leute wieder auf den Weg, aber sie hatten kaum den Fuß der Felsen erreicht, als von oben her ein Ruf ertönte. Bald darauf kam Tinkler mit einem Flaschenkürbis voll Wasser an, gefolgt von drei Eingeborenen, einer Frau und zwei Männern. Die Männer trugen auf einer Stange mehrere geschälte Kokosnüsse.
Bei diesem Anblick war Blighs Zorn verflogen, ja er lobte später Tinkler. Dieser hatte die Eingeborenen in der Nähe einer Hütte in einem versteckten Tälchen entdeckt und ihnen verständlich gemacht, daß sie ihn, mit Nahrungsmitteln und Wasser versehen, begleiten sollten.
Die Männer stellten ihre Last nieder und setzten sich in unserer Nähe hin, ohne die geringste Furcht zu zeigen.
Wir wußten, daß die Sprache der Eingeborenen dieser Gegend zwar gewisse Ähnlichkeit mit der Sprache der Bewohner von Tahiti hatte, aber doch von dieser ziemlich verschieden war. Immerhin konnten wir uns mit den Leuten verständigen. Mr. Nelson befragte die Männer insbesondere nach der Einwohnerzahl der Insel und den Möglichkeiten, Nahrung und Wasser zu finden.
Vieles von dem, was einer der Wilden antwortete, war uns unverständlich, aber es wurde uns dennoch klar, daß die Insel auf der Luvseite stark bevölkert war und daß auf dieser Seite wenig zu finden sei, das uns von Nutzen sein konnte. Die Eingeborenen entfernten sich bald und gaben uns zu verstehen, daß sie mit anderen Bewohnern der Insel zurückkehren würden.
Der Kapitän sammelte von uns allen kleine Gegenstände ein, die für den Tauschhandel von Nutzen sein würden, und begann auch Verteidigungsmaßnahmen zu ergreifen. Fryer sollte mit fünf Leuten in der Barkasse zurückbleiben, um für alle Möglichkeiten gerüstet zu sein. Der Schiffer erhielt einen der Stutzsäbel; mit den anderen bewaffneten sich Bligh, Purcell

und Cole. Wir übrigen schnitten uns von den Bäumen Keulen, die wir aber vorläufig versteckten.

So gerüstet warteten wir mit Neugierde, die mit Angst gemischt war, auf unsere Besucher.

Diese ließen auch nicht lange auf sich warten. Es war kaum eine Stunde vergangen, als etwa dreißig Männer die Felsen herabkletterten; andere kamen in Booten, und am Nachmittag waren wohl fünfzig Eingeborene in der Bucht. Ihre Absichten schienen durchaus friedlich zu sein, denn keiner von ihnen war bewaffnet. Sie hatten nur wenig Nahrungsmittel und Wasser mitgebracht, aber bis zum Abend hatten wir dennoch ein Dutzend Brotfrüchte und einige Gallonen Wasser eingehandelt.

Mit Blighs Vergrößerungsglas machten wir Feuer, was die Wilden ziemlich komisch zu finden schienen. Als sie sich noch vor Einbruch der Dunkelheit wieder entfernten, gaben sie uns zu verstehen, daß einer ihrer Häuptlinge uns am folgenden Tag besuchen werde.

Eine Wache wurde bei der Einfahrt zur Bucht aufgestellt, während wir anderen uns zur Ruhe legten, getröstet durch Blighs Zusicherung, der nächste Tag werde der letzte an dieser unwirtlichen Stelle sein.

3

Die Sonne war seit zwei Stunden aufgegangen, als die ersten Wilden die Felsen herabgeklettert kamen, und etwas später kamen zwei Kanus an, jedes mit etwa fünfzehn Leuten bemannt. Zu unserer Enttäuschung führten sie nur spärliche Lebensmittelvorräte mit sich; immerhin konnten wir wieder ein wenig Wasser und ein halbes Dutzend Brotfrüchte einhandeln. Die Insassen des einen Bootes behandelten uns auf recht unverschämte Weise. Sie hatten eine größere Anzahl mit Wasser gefüllter Trinkgefäße bei sich, aber obgleich sie sahen, daß wir Mangel an Wasser litten, weigerten sie sich, uns etwas von ihrem Vorrat zu geben. Sie verhöhnten uns noch, indem sie vor unseren Augen nach Herzenslust tranken.

Als wir vom Strand zur Höhle, in der wir übernachtet hatten, zurückkehrten, fanden wir Kapitän Bligh im Begriff, sich einer anderen Schar verständlich zu machen, die, geführt von einem ältlichen Häuptling, aus dem Inneren der Insel gekommen war. Der Häuptling war ein ernst dreinblickender Mann, dessen Gewand aus Tapastoff seine Würde verkündete. In einer Hand trug er einen hölzernen, mit aus Zähnen der Stachelechse gefertigten Widerhaken versehenen Speer. Bligh fühlte sich durch unsere Ankunft sehr erleichtert.

»Sie sind gerade im rechten Augenblick gekommen; versuchen Sie einmal, Nelson, ob Sie die Sprache dieses Mannes verstehen können!«

Nelson redete den Häuptling in der Sprache von Tahiti an, während der größte Teil unserer Leute und etwa dreißig Eingeborene im Kreise herumstanden. Der Häuptling antwortete mit jener Beredtheit, die den Bewohnern der Südsee eigen ist, aber der hinterlistige Ausdruck seiner Augen strafte sein äußerliches Benehmen Lügen. Ich verstand nur wenig von dem, was er sagte, aber Nelson schien sich mit ihm recht gut verständigen zu können.

»Er hat uns entweder in Namuka gesehen oder von uns gehört«, erklärte er uns, »und er möchte wissen, auf welche Weise wir unser Schiff verloren.«

Wir waren auf diese Frage vorbereitet. Daß das Schiff in der Nähe sei, konnten wir nicht sagen, denn die Eingeborenen hätten sich von der Unwahrheit dieser Behauptung leicht überzeugen können; so erklärte Nelson dem Häuptling denn,

daß wir Schiffbruch erlitten und daß nur die hier Anwesenden sich gerettet hätten.
Nelson übersetzte uns die nächste Frage: »Ich möchte das Ding sehen, das euch Feuer von der Sonne bringt.« Bligh zeigte nur widerstrebend sein Vergrößerungsglas, denn er wußte, daß die Wilden alles versuchen würden, um sich in den Besitz dieses wertvollen Instruments zu setzen. Aber er hielt es für richtig, den Häuptling bei guter Laune zu erhalten. Die umstehenden Eingeborenen sahen mit höchster Verwunderung zu, wie Bligh einige trockene Blätter zu Pulver zerrieb, die Sonnenstrahlen auf den Zunder fallen ließ und eine kleine Flamme hervorzauberte.
Während dieses Gesprächs trafen immer mehr Eingeborene ein, darunter ein Häuptling, der noch höher im Rang zu stehen schien als der Alte. Er war ein Mann von etwa vierzig Jahren und ging sogleich auf Kapitän Bligh zu, unterließ es aber, zur Begrüßung seine Nase an der des Kapitäns zu reiben, wie der alte Häuptling es getan hatte. Keiner von uns konnte sich erinnern, einen dieser Häuptlinge in Namuka gesehen zu haben. Der Name des älteren Mannes war Maccaackavau, während der jüngere sich Eefau nannte. Beide kamen von der Insel Tongataboo und erboten sich, uns dorthin zu begleiten, sobald das Wetter es zuließe. Bligh lud sie in die Höhle ein, wo er jeden mit einem Hemd und einem Messer beschenkte. Nelson erhielt den Auftrag, die Häuptlinge nach den Fidschiinseln zu befragen, einer großen, den Europäern unbekannten Inselgruppe, von der Kapitän Cook bei seiner Reise zu den Freundschaftsinseln viel gehört hatte. Er erhielt die Auskunft, daß diese Gruppe aus vielen Inseln bestehe, von denen die nächstgelegene etwa zwei Tagereisen von Tofoa entfernt liege. Eefau zeigte in Richtung Westnordwest, was mit den Angaben Kapitän Cooks übereinstimmte.
Wir glaubten nunmehr Grund zur Annahme zu haben, daß

unsere Befürchtungen der feindlichen Absichten der Eingeborenen grundlos gewesen seien. Mit Hilfe eines Mannes namens Nageete, den Bligh schon in Namuka gesehen hatte und der uns mit großer Freundlichkeit begrüßte, gelang es uns, eine hinreichende Menge Wasser einzuhandeln sowie auch eine Anzahl von Brotfrüchten und ein halbes Dutzend große Yamwurzeln.
Aber unser kärglicher Vorrat an Tauschobjekten war bald erschöpft, und ohne Bezahlung wollten uns die Leute nicht das geringste geben. Alle unsere Versuche, unseren Vorrat an Lebensmitteln und Wasser weiter zu vergrößern, scheiterten. Schließlich meinte Maccaackavau: »Ihr habt das Ding, mit welchem man Feuer machen kann. Gebt mir dieses Ding, und meine Leute werden euch alles überlassen, was sie bei sich haben.« Dieses Verlangen mußte Bligh ablehnen, denn das Vergrößerungsglas war unsere einzige Möglichkeit, Feuer zu machen. Eefau sagte mürrisch: »Nun, dann laßt uns sehen, was ihr in eurem Boot habt.« Auch dieser Vorschlag mußte abgelehnt werden, denn die wenigen Werkzeuge und die paar Pakete Nägel, die wir dort hatten, waren uns noch unentbehrlicher als Nahrungsmittel. Als wir ein Mittagessen aus gekochten Brotfrüchten zubereiteten, nahmen die Häuptlinge unsere Einladung, daran teilzunehmen, an, aber die Mahlzeit verlief höchst unbehaglich. Eine Änderung im Benehmen der Eingeborenen war unverkennbar. Die beiden Häuptlinge unterhielten sich in einer besonderen Sprache, von der wir kein Wort verstehen konnten. Fryer war mit drei Leuten im Boot geblieben, während die übrigen fünfzehn sich an Land befanden. Die Zahl der uns umgebenden Wilden betrug mindestens zweihundert. Glücklicherweise waren nur die zwei Häuptlinge und zwei oder drei der Leute ihrer Leibwache bewaffnet. Nach der Mahlzeit verließen uns die Häuptlinge, und Bligh benutzte

die Gelegenheit, um uns Weisungen über unser weiteres Verhalten zu geben.
»Wir wissen noch nicht, was diese Burschen im Schilde führen. Auf jeden Fall aber heißt es, auf der Hut zu sein. Sie, Mr. Peckover, bringen mit drei Leuten die Vorräte zum Boot, aber ohne Hast und möglichst so, daß es den Indios nicht auffällt. Gegen Sonnenuntergang werden wir die Bucht verlassen, ob uns nun Eefau nach Tongataboo begleitet oder nicht.«
Peckover entledigte sich seiner nicht eben leichten Aufgabe mit großer Geschicklichkeit. Bligh saß währenddessen am Ausgang der Höhle, beobachtete alles, was vorging, und schrieb gleichzeitig in seinem Tagebuch, so ruhig, als säße er in seiner Kabine auf der »Bounty«. Wir übrigen beschäftigten uns mit kleinen Arbeiten, um den Anschein zu erwecken, daß wir die Absicht hätten, die Nacht an Land zu verbringen. Nageete fragte uns, scheinbar so freundlich wie vorher, nach unseren Plänen, und wir antworteten, daß wir warten würden, bis Eefau bereit sei, uns zu begleiten, daß wir aber hofften, bei günstigem Wetter am nächsten Tage abreisen zu können.
Nageete erwiderte: »Eefau wird euch begleiten, wenn ihr ihm den Feuermacher gebt. Gebt ihn lieber ihm statt Maccaackavau, denn er ist der größere Häuptling.«
Als die beiden Häuptlinge zurückkehrten, tat Bligh alles, um die Beziehung zu ihnen so freundlich wie möglich zu gestalten. Vielleicht hätte der Kapitän ohne weiteren Aufschub den Befehl gegeben, zum Boot zu laufen und abzufahren, wenn Cole, der mit drei Leuten ausgesandt worden war, um Wasser zu suchen, bereits zurückgekehrt gewesen wäre. Es wurde uns immer klarer, daß die Eingeborenen die Absicht hatten, uns anzugreifen, und nur eine günstige Gelegenheit abwarteten.
Wir brauchten nicht mehr lange zu warten, um Gewißheit über die Absichten der Indios zu erlangen. Nach kurzer Zeit hörten

wir ein unheilverkündendes Geräusch: Steine wurden in gleichmäßigem Rhythmus gegeneinandergestoßen. Sogleich faßten wir dies als ein Zeichen des bevorstehenden Angriffs auf. Zuerst erklangen die Töne nur vereinzelt, dann aber pflanzte sich die unheimliche Musik durch die ganze Bucht fort. Ohne Zweifel wollten die Wilden auf diese Weise den Anführern ihre Ungeduld kundtun. Der Eindruck auf uns läßt sich leicht vorstellen; wir rechneten damit, daß unsere letzte Stunde herannahte, aber jeder einzelne von uns war entschlossen, sein Leben so teuer wie möglich zu verkaufen.

Spät am Nachmittag kehrten Cole und seine Leute mit einer kleinen Wassermenge zurück, die sie zwischen den Felsen gesammelt hatten. Nun, da keiner von uns mehr fehlte, warteten wir nur noch auf eine günstige Gelegenheit, um an Bord der Barkasse zu fliehen. Unterdessen setzten die Wilden ihre eintönige Musik mit unverminderter Stärke fort.

Nageete wurde immer unruhiger und suchte nur nach einer Ausrede, um sich aus dem Staube zu machen, aber Bligh ließ es nicht zu. Wir waren alle vor dem Eingang der Höhle so postiert, daß uns die Wilden nicht in den Rücken fallen konnten. Die Eingeborenen standen in Gruppen von zwanzig bis dreißig Mann beisammen, und die Häuptlinge gingen unausgesetzt zwischen ihnen hin und her. Als wir sie fragten, was das Aneinanderklopfen der Steine bedeute, antworteten sie mit harmloser Miene, das sei ein Spiel, mit dem man sich hierzulande die Zeit vertreibe. Bald darauf verstummte plötzlich die Musik der Steine, und das darauf folgende Schweigen war beinahe noch unheimlicher.

Unter den beiden Häuptlingen schien eine Meinungsverschiedenheit darüber ausgebrochen zu sein, ob der Angriff sogleich oder während der Nacht unternommen werden sollte. Sie unterhielten sich wieder in ihrem unverständlichen Kauderwelsch miteinander. Bligh sagte zu uns: »Seid bereit, Jungens!

Beim ersten verdächtigen Zeichen töten wir die beiden Anführer und schlagen uns zum Boot durch.«
Eefau wandte sich nun an Nelson. »Sage deinem Häuptling, daß wir die Nacht hier verbringen werden. Morgen werde ich euch nach Tongataboo begleiten.«
Nelson übersetzte die Botschaft, und Bligh nickte zustimmend.
Dann fragte Maccaackavau mit einem Gesichtsausdruck, den ich nie vergessen werde: »Und ihr werdet die Nacht nicht auf dem Lande verbringen?«
»Sagen Sie ihm ›nein‹«, rief Bligh Nelson zu, »und daß ihn der Teufel holen möge!«
Nelson verdolmetschte die Antwort in etwas diplomatischerer Form. Der Häuptling antwortete etwas und verließ uns dann in großer Eile.
»Was sagte er?« erkundigte sich Bligh.
Nelson lächelte grimmig. »Te mo mate gimotoloo«, antwortete er. »Jetzt wissen wir wenigstens, woran wir sind. Das bedeutet nämlich: Dann sollt ihr sterben.«
Bligh blieb ruhig und kaltblütig. »Jetzt oder nie, Jungens«, sagte er. »Hall, gib jedem von uns einen ordentlichen Schluck Wasser.« Der Wasserbehälter ging rasch von Hand zu Hand. Unterdessen hielt Bligh mit der linken Hand Nageetes Arm umklammert, während er mit der rechten den Degen hielt. Wenn wir sterben mußten, so sollte Nageete unser Schicksal teilen!
Schon vorher hatte uns der Kapitän genaue Weisungen darüber gegeben, wie wir uns auf dem Weg zum Strand zu verhalten hätten. Cole, der gleichfalls bewaffnet war, und Bligh nahmen Nageete zwischen sich.
»Vorwärts!« kommandierte der Kapitän. Dann setzte sich der Trupp in Bewegung, schweigend und auf das Schlimmste gefaßt.

Ich glaube, es war die Raschheit und Entschlossenheit unseres Vorgehens, die uns rettete. Hätten wir auch nur im geringsten gezögert, wären wir alle ermordet worden. Aber Bligh führte uns geradewegs auf eine Gruppe von Eingeborenen zu, die zwischen uns und dem Boot stand. Sie machten uns Platz, und ich wunderte mich darüber, noch am Leben zu sein, als wir an ihnen vorbei waren. Kein Wort wurde gesprochen, keine Hand erhob sich, bis wir das Ufer erreicht hatten. Fryer hatte uns natürlich kommen sehen und die Barkasse ganz nahe ans Land gesteuert. »Rasch ins Boot!« brüllte Bligh. »Purcell und Norton, ihr bleibt hier bei mir an Land!« Eine halbe Minute später waren wir im Boot. Nageete machte sich frei und lief davon. Der Kapitän und Purcell eilten zum Boot, klugerweise ohne zu versuchen, den Anker, der am Ufer geblieben war, zu holen. Norton hingegen lief zurück, um den Anker mitzunehmen. Im Nu hatten ihn die Wilden umringt und schlugen ihm mit Steinen den Schädel ein.

Inzwischen hatten wir das Boot klargemacht. Es war ein Glück für uns, daß die Eingeborenen weder Pfeile und Bogen hatten noch Speere, mit Ausnahme der Holzspeere der beiden Häuptlinge. Maccaackavau schleuderte den seinen in Richtung auf das Boot; er sauste dicht an Peckovers Kopf vorbei. Aber wenn unsere Feinde auch keine Waffen hatten, so dienten ihnen doch die unzähligen Steine, die den Strand bedeckten, als Wurfgeschosse. Sie überschütteten uns mit einem solchen Steinhagel, daß so mancher von uns Nortons Geschick geteilt hätte, wenn wir nicht fünfundzwanzig Meter von ihnen entfernt gewesen wären. Purcell sank, von einem Stein am Kopf getroffen, bewußtlos zusammen, und auch einige andere von uns wurden verletzt. Wir entfernten uns immer weiter vom Ufer und waren bald der Gefahr entronnen.

Während der folgenden Stunden hatte ich alle Hände voll zu tun, um die Verwundeten zu behandeln. Purcell hatte der

Steinwurf, der die meisten Menschen umgebracht hätte, nicht ernstlich verletzt. Glücklicherweise hatte er keinen Schädelbruch erlitten. Die Wunden der anderen waren leichter Natur. Fryer bat den Kapitän, er möge die Absicht, erneut eine der Freundschaftsinseln anzulaufen, aufgeben. »Ohne Waffen können wir uns gegen die Wilden nicht wehren, und bei einem zweiten Zusammentreffen mit ihnen werden wir vielleicht nicht so glücklich davonkommen.« Die anderen unterstützten den Wunsch des Schiffers; es war wohl keiner unter uns, der nicht die Gefahren des Meeres denen der Inseln vorgezogen hätte. Bligh schien geneigt zu sein, sich überzeugen zu lassen, aber er machte uns mit aller Deutlichkeit auf die Gefahren aufmerksam, die unserer harrten.
»Wissen Sie, Mr. Fryer«, fragte er, »wie weit wir segeln müssen, um auf Hilfe rechnen zu dürfen?«
»Nicht genau, Sir.«
»Wir müssen bis Niederländisch-Ostindien«, fuhr Bligh fort; »die erste holländische Niederlassung befindet sich auf der Insel Timor, volle 1200 Seemeilen von hier entfernt.«
Einen Augenblick lang herrschte Schweigen. Nicht einer war unter uns, der nicht bei sich gedacht hätte: 1200 Meilen! Gibt es da überhaupt eine Hoffnung für uns?
»Aber selbst unter diesen Umständen«, sagte Bligh, als hätte er unsere Gedanken erraten, »ist unsere Lage keineswegs verzweifelt. Wenn mich jeder von euch mit aller Kraft unterstützt, werden wir Timor erreichen.«
»Mit uns können Sie rechnen, Sir!« sagte Peckover. »Nicht wahr, Leute?« Wir stimmten alle aus vollem Herzen zu.
»In Ordnung«, fuhr Bligh fort. »Jetzt will ich euch kurz sagen, was uns erwartet. Zunächst einmal die für uns vorteilhaften Umstände: Wir befinden uns in der günstigsten Jahreszeit; wir können mit östlichen Winden rechnen. Der Nordwestmonsun beginnt nicht vor November, und wir werden lange vor diesem

Zeitpunkt Timor erreicht oder es nicht mehr notwendig haben, es zu erreichen. Die Barkasse ist ein tüchtiges Boot. Was sie leisten kann, seht ihr gerade jetzt am besten. Was die Gefahren betrifft . . .«

Er hielt inne, um nachzudenken: »Eigentlich brauche ich über die gar nicht zu sprechen. Ihr kennt sie geradesogut wie ich. Nur eines möchte ich sagen: Wenn wir Timor erreichen wollen, müssen wir uns mit täglichen Nahrungs- und Wasserrationen begnügen, die gerade genügen, um uns am Leben zu erhalten. Vielleicht werden wir des öfteren Gelegenheit haben, unsere Vorräte zu ergänzen, aber damit können wir nicht rechnen. Mr. Fryer, geben Sie mir Ihr Versprechen, sich meiner Entscheidung in diesen Dingen zu fügen?«

»Jawohl, Sir«, antwortete Fryer, ohne zu zögern.

Bligh rief jeden einzelnen auf. Alle erklärten sich einverstanden.

4

Obgleich das Boot überladen und nur das gereffte Focksegel beigesetzt war, bewegte es sich sehr rasch in westlicher Richtung fort. Bligh saß am Steuer, Peckover neben ihm, Fryer, Elphinstone, Nelson und ich auf den hinteren Bänken.

Das Meer war zwar ruhig, aber das Boot war dennoch so tief im Wasser, daß es immer wieder von den Wellen überspült wurde. Peckover wies zwei Leute – Lebogue und Simpson – an, das Wasser auszuschöpfen. Gegen Mitternacht, als der Wind stärker wurde, mußten sie mit aller Kraft arbeiten und wurden so müde, daß Peckover sie ablösen ließ. Bligh blickte zu den Sternen empor. »Sie haben noch keinen Schlaf gefunden, Mr. Fryer?« fragte er.

»Nein, Sir.«
»Übernehmen Sie das Steuer, ich werde versuchen zu schlafen und empfehle Ihnen, um vier Uhr das gleiche zu tun.«
Gegen Morgen sprang der Wind um, die Wogen gingen immer höher und brachen achtern häufig über den Bootsrand. Mr. Bligh setzte sich wieder ans Steuer.
Vier Leute mußten jetzt gleichzeitig Schöpfarbeit leisten. Im dämmernden Licht dieses Sonntagmorgens sahen wir recht jämmerlich aus. Hohläugig, bis auf die Haut naß von der salzigen Gischt und so steif, daß wir uns kaum bewegen konnten.
Als eine Woge, die größer war als alle vorhergehenden, das Boot überschwemmte, hörte ich, gedämpft von dem Tosen des Meeres, Schreie und Flüche der Leute. Brausend schoß das Wasser in den Bootsraum. Während ich eine Kokosnuß ergriff, um mich an der Schöpfarbeit zu beteiligen, hörte ich Blighs Stimme das Brüllen der See übertönen: »Das Brot! Das Brot!«
Unser Brotvorrat war in den Ecken des Bootes untergebracht worden, die am wenigsten den Schaumspritzern der Wogen ausgesetzt waren. Er war in drei Säcke gepackt, die wiederum mit dem Ersatzgroßsegel bedeckt waren.
Hall beugte sich nieder und hob rasch das Segel in die Höhe.
»Ein Sack ist naß, Sir«, schrie er. »Das Ganze wird unbenutzbar, wenn es hier bleibt.«
»Purcell!« rief Bligh. »Leeren Sie Ihren Werkzeugkasten aus! Verstauen Sie die Sachen auf dem Boden!«
Der Zimmermann nahm, so schnell es nur ging, die Geräte aus dem Kasten.
»So, Jungens!« brüllte Bligh, als alles bereit war. »Wartet, bis ich euch das Zeichen gebe. Einen Sack nach dem anderen! Sie, Hayward, öffnen dann den Kasten! Sie, Purcell, zerschneiden die Hülle der Säcke und stopfen das Brot lose hinein! Rasch arbeiten! Sonst wird unser Magen leer bleiben!«

Alle mit Ausnahme jener, die schöpften, warteten angespannt, bis der Bug der Barkasse emporschnellte und das Boot gleich darauf in ein Wellental geschleudert wurde.
»Jetzt!« schrie Bligh.
Blitzschnell wurde das Segel entfernt, blitzschnell ging der erste Sack von Hand zu Hand. Ein Schnitt – schon war das Brot im Werkzeugkasten. Hayward ließ den Deckel zuschnappen. Das Segel lag schon wieder schützend über den beiden anderen Säcken, ehe wir von der nächsten Welle emporgehoben wurden. Auf die gleiche Art wurde zwischen zwei Wellen der Inhalt dieser beiden Säcke in Sicherheit gebracht.
Jeder Mann im Boot atmete erleichtert auf. So klein der Brotvorrat auch war, so war er doch alles, was uns vor dem sicheren Hungertod bewahren konnte. Keinen Augenblick zu früh war er im Werkzeugkasten untergebracht worden. Immer höher gingen die Wogen. Die Barkasse schoß in Schlangenlinien dahin; das Segel, so klein es war, drohte den schwachen Mast zu brechen. Bligh kauerte mit unbeweglicher Miene am Steuer. Ein einziger falscher Handgriff hätte das Boot unweigerlich zum Kentern gebracht. Die ganze Besatzung war fieberhaft bemüht, das Fahrzeug von den ununterbrochen hereinströmenden Wassermengen frei zu schöpfen. Aber der Sturm wurde stärker. »Wir müssen das Boot entlasten, Mr. Fryer«, übertönte Blighs Stimme das Geheul des Sturmes. »Jeder Mann soll zwei Anzüge behalten, alles andere muß über Bord! Auch das zweite Focksegel und alle Taue bis auf eins!«
Seine Befehle wurden mit einem Eifer befolgt, der bewies, daß jeder einzelne an Bord die Unmittelbarkeit der Gefahr begriff. Obgleich das Gewicht der Sachen, die wir ins Meer warfen, kaum das eines einzigen Mannes überstieg, kam das Boot jetzt besser vorwärts.
Um zwölf Uhr zog Mr. Bligh seinen Sextanten hervor, und während zwei Leute ihn festhielten, gelang es ihm, den Stand

der Sonne festzustellen. Dann nahm er die Navigationstabellen zur Hand und berechnete unseren Standort.
»Wir können zufrieden sein«, sagte er. Eine schwere See hob uns mit furchtbarem Getöse hoch empor. Als wir wieder in ein Wellental geglitten waren, fuhr der Kapitän fort: »Seht ihr, wie gut sich das Boot hält, Jungens! Es wird uns durchbringen, wenn wir das Unsere dazutun! Bei Gott, das wird es! Nach meiner Berechnung haben wir achtundsechzig Meilen zurückgelegt, seit wir Tofoa verlassen haben. Wir brauchen ein Lot«, setzte Bligh hinzu. »Mr. Fryer, gemeinsam mit dem Bootsmann und Mr. Purcell werden Sie bestimmt imstande sein, eine brauchbare Lotleine zu fabrizieren.«
Die drei Männer machten sich sogleich an die Arbeit, und wirklich gelang es ihnen trotz der Dürftigkeit des Materials, das ihnen zur Verfügung stand, bis zum Abend das Lot fertigzustellen.
»Viereinhalb Faden«, meldete Peckover, als er beim ersten Versuch die Leine aus dem Wasser zog.
»Gut! Von jetzt an soll der Maat der Wachmannschaft jede Stunde das Lot auswerfen.«
Das schwere Wetter dauerte während des Nachmittags und der folgenden Nacht unverändert an. Kapitän Bligh blieb achtzehn Stunden ohne Unterbrechung am Steuer; während der ganzen Nacht saß er schweigend an seinem Platz. Seine Aufgabe war zu schwer, als daß sie ihm Gespräche erlaubt hätte.
»Wie wacker sich das Boot hält!« bemerkte Nelson einmal mit klappernden Zähnen.
»Ich habe den Bau dieses Fahrzeugs beaufsichtigt«, sagte Bligh stolz. »Jedes Brett und jeden Balken, der verwendet wurde, habe ich persönlich geprüft! Ein besseres Boot hat es nie gegeben!«
Als wieder die Reihe des Schöpfens an uns kam, waren meine Beine so starr, daß ich Mühe hatte, nach vorn zu kommen, und

dem Botaniker mußte man beim Aufstehen behilflich sein. Der Morgen graute bereits, als wir abgelöst wurden.
Das Meer war ruhiger geworden, obgleich es einer Landratte sicher noch Schrecken genug eingeflößt hätte, und die ersten Sonnenstrahlen erwärmten uns soweit, daß wir unsere steif gewordenen Gliedmaßen wieder gebrauchen konnten. Gegen acht Uhr wehte nur mehr eine frische Brise, und wir konnten unsere Kleider trocknen.
Kapitän Bligh warf einen Blick auf den Kompaß und meinte: »Wenn die Indios uns nicht belogen haben, müssen wir bald Land sichten! Wir haben eine böse Nacht hinter uns, Jungens! In diesen Breitengraden ist es möglich, daß wir auf dem ganzen Weg nach Timor nichts so Schlimmes mehr durchzumachen haben. Ihr habt euch gut gehalten, und auf die Barkasse können wir uns auch verlassen. Darauf gebe ich euch mein Wort! Wenn wir, wie vereinbart, mit unseren Vorräten haushalten, werden wir die Heimat wiedersehen!«
»Keine Angst, Sir«, sagte Cole. »Wir stehen zu Ihnen, Mann für Mann, was, Kameraden?«
Allgemeine Zustimmung wurde laut: »Jawohl!« – »Gut gesprochen!« – »Darauf können Sie sich verlassen!«
Als die Sonne höher stieg, beobachteten wir mehrere Vogelschwärme, ein sicheres Zeichen dafür, daß wir uns einer Küste näherten.
Kurz vor Mittag sichteten wir im Südwesten, etwa vier Meilen entfernt, eine kleine, flache Insel.
»Die Fidschiinseln!« rief Mr. Bligh, den der Ruf »Land!« aus tiefem Schlaf geweckt hatte. »Wir sind die ersten Weißen, die sie zu Gesicht bekommen!«

5

Gegen Abend bekamen wir drei kleine Inseln in nordwestlicher Richtung zu Gesicht. Wären die Umstände glücklicher gewesen, so hätte mich das erregende Gefühl, ein unbekanntes Meer zu durchsegeln, Inseln zu erblicken, die noch kein Europäer gesehen hatte, sicherlich froher gemacht.
Während der Nacht frischte der Wind zwar wieder auf, aber das Meer war nicht stürmisch, und so vermochten wir ein wenig Schlaf zu finden. Die eine Hälfte der Mannschaft hielt Wache, während die andere sich auf dem Boden des Bootes ausstreckte. Trotz der Kälte empfand ich es als einen großen Genuß, wieder einmal meine Beine strecken zu können, und nachdem ich beinahe drei Stunden geschlummert hatte, erwachte ich neu gestärkt.
Während der frühen Morgenstunden ließ die Windstärke abermals nach, und wir fanden Muße, den Zustand des Brotvorrates genau zu untersuchen. Wir trockneten das naß gewordene Brot und trennten sorgfältig das schon fast verdorbene, das nicht gegessen werden sollte, von dem guten.
Kurz vor Sonnenuntergang sahen wir wieder Land vor uns – zwei gebirgige Inseln in einer Entfernung von sechs bis acht Meilen. Obgleich Einzelheiten nur schwer auszumachen waren, schien mir die südliche Insel von bedeutender Ausdehnung, fruchtbar und schön bewaldet zu sein. Gegen zehn Uhr waren wir der Insel ganz nahe gekommen, und die vielen Feuer am Strand bewiesen uns, daß sie bewohnt war. In Anbetracht der Erfahrungen mit den Eingeborenen, die wir auf Tofoa gemacht hatten, waren wir alle erleichtert, als wir uns gegen Mitternacht ein gutes Stück von der Insel entfernt hatten.
Während der Nacht durchnäßte uns ein Regenguß bis auf die Haut, und bei Tagesanbruch waren unsere Gliedmaßen so verkrampft, daß einige Leute sich kaum bewegen konnten.

Bligh ließ jedem Mann einen Teelöffel Rum geben. Als die winzigen Stückchen des naß gewordenen Brotes ausgeteilt wurden, murrten einige Leute.
»Können wir nicht noch einen Bissen haben, Sir?« wandte sich Lamb in bittendem Ton an Fryer. »Ich komme sonst noch um vor Hunger!«
»Mir geht's auch so!« nickte Simpson. »Es wäre mir fast genauso lieb, von einem Wilden einen Schlag auf den Kopf zu bekommen, als auf solche Art langsam zu krepieren.«
Den Ohren Blighs entgingen diese Worte nicht. »Wer beklagt sich da vorne?« rief er. »Er soll sich an mich wenden, wenn er etwas zu sagen hat.«
Sogleich trat Schweigen ein. »Ich wünsche solche Redereien nicht mehr zu hören«, fuhr Bligh fort. »Jeder von uns erhält die gleiche Ration in diesem Boot; keinem soll es bessergehen als dem anderen. Laßt euch das alle gesagt sein.«
Am frühen Nachmittag lenkten wir das Boot einer langen, gebirgigen Insel im Westen zu. Wir waren genötigt, uns der Insel mehr zu nähern, als uns lieb war, um einen Kanal durchfahren zu können, der sie von einem kleinen nordöstlich gelegenen Inselchen trennte. Als wir in der Mitte dieses Kanals waren, sahen wir zu unserem Schrecken zwei Kanus mit großer Geschwindigkeit am Ufer entlangsegeln, offenbar um uns zu verfolgen. Sie näherten sich uns sehr schnell, als sich plötzlich der Wind legte, so daß wir zu den Rudern greifen mußten. Die Wilden hatten offenbar das gleiche getan, denn sie kamen uns immer näher. Dann drang mit einem Male eine schwere Regenbö auf uns ein. Man kann sich von den Wassermengen, die während dieses Regengusses fielen, eine Vorstellung machen, wenn ich sage, daß wir in kaum zehn Minuten mit Hilfe der armseligen Auffangvorrichtungen, die uns zur Verfügung standen, sämtliche Vorratsgefäße füllen konnten. Die Bö ging vorüber und machte einer frischen Brise

Platz. Wir beeilten uns, die Segel beizusetzen, denn als der Regen nachgelassen hatte, bemerkten wir eines der Kanus kaum zwei Meilen weit von uns entfernt. Es hatte einen Mast und ein langes, schmales Segel. Wäre das Meer bewegt gewesen, hätten uns unsere Verfolger in ein bis zwei Stunden eingeholt.

Während des Nachmittags verringerte sich die Entfernung zwischen unserem Boot und dem der Wilden immer mehr. Die meisten von uns blickten von Zeit zu Zeit angsterfüllt auf das uns verfolgende Kanu, aber Bligh, der am Steuer saß, blieb völlig ruhig. »Vielleicht wollen sie nur Handel mit uns treiben«, sagte er leichthin, »immerhin ist es besser, es nicht darauf ankommen zu lassen. Wenn der Wind anhält, wird es dunkel werden, ehe sie uns eingeholt haben.«

Kurz vor Sonnenuntergang, als das Kanu bis auf etwa zwei Taulängen an uns herangekommen war, trat plötzlich völlige Windstille ein.

Wir waren kaum eine Meile von dem Riff entfernt, das der großen Insel vorgelagert war.

»Herunter mit den Segeln, Jungens!« kommandierte Bligh. »An die Ruder!«

Er brauchte das nicht zweimal zu sagen. Die stärksten Leute unter uns begannen aus Leibeskräften zu rudern.

Die Indios verloren keine Zeit. Statt zu paddeln, bewegten sie nun ihr Fahrzeug auf eine seltsame Art vorwärts. Aufrecht stehend bedienten sie sich langer, schmaler Ruder, die den unseren nicht unähnlich waren und durch Löcher im Boden des Kanus hindurchzugehen schienen. Nur vier ihrer Leute wurden dazu benötigt, aber diese wurden häufig abgelöst, und das Kanu kam genauso rasch vorwärts wie unsere von sechs Mann geruderte Barkasse. Auf dem Kanu erhob sich jetzt großes Geschrei. Ein Mann, der größer war als die anderen und einen gewaltigen Haarschopf trug, drohte uns, brüllend und

wild umhertanzend, mit einer riesigen Keule. Seine Gesten und der Klang seiner Stimme ließen keinen Zweifel an seinen Absichten zu.
Unsere Ruderer verdoppelten ihre Anstrengungen, denn jeder von uns war sich nur zu gut bewußt, daß es um Tod oder Leben ging. Dann versank die Sonne. Die kurze Dämmerung der Tropen setzte ein. Die Feinde kamen immer näher. Als sie bis auf eine Taulänge an uns herangekommen waren, ließ der riesenhafte Wilde, den ich für ihren Häuptling hielt, die Keule fallen und nahm Pfeil und Bogen zur Hand. Etwa zehn Minuten lang beschoß er uns. Einige der Pfeile zischten nicht weit von unserem Boot entfernt in die See. Sie waren fast vier Fuß lang, aus hartem Rohr gefertigt und mit vier oder fünf scheußlichen Widerhaken versehen.
Als ich auf einen dieser Pfeile, der unmittelbar neben uns im Wasser schwamm und im Dämmerlicht kaum sichtbar war, hinabblickte, ließ mich ein Ausruf Nelsons auffahren. Ich wandte den Kopf. Der Vollmond ging gerade hinter dem Boot der Fidschi-Insulaner auf. Die Wilden, vom Mond hell beleuchtet, sprangen, soweit sie nicht ruderten, wie Wahnsinnige auf dem Deck ihres Bootes umher und brüllten gleich einer Schar Teufel.
Dann rief der Anführer seinen Leuten plötzlich unverständliche Kommandoworte zu. Den Grund dafür konnten wir nicht erkennen, es sei denn, daß er in einem Aberglauben, der mit dem Mond in Zusammenhang stand, begründet war. Jedenfalls machte das Kanu einen großen Bogen und wurde dann zum Lande zurückgelenkt. Zehn Minuten später waren wir allein inmitten des weiten, leeren, mondbeschienenen Ozeans.

6

Am Morgen des 8. Mai sah ich, als ich aus meinem Halbschlummer erwachte, die Sonne am wolkenlosen Himmel aufgehen. Einen erfreulicheren Anblick hätte ich mir gar nicht vorstellen können, denn während der ganzen Nacht hatte uns der Regen bis auf die Haut durchnäßt. Nelson, der neben mir saß, war bereits wach, Kapitän Bligh hatte sich auf dem Boden der Barkasse zum Schlaf ausgestreckt, Fryer war am Steuer; neben sich hatte er Peckover. Cole und Lenkletter saßen vorn beim Mast. Alle anderen schliefen. Eine sanfte Brise wehte; das Boot glitt sanft über das Meer, das so ruhig dalag, als hätte es niemals einen Sturm kennengelernt.

Als Bligh erwachte, benutzte er das gute Wetter dazu, sich mit einer Waage zu versehen, um unsere Lebensmittel abzumessen. Bis jetzt waren die Rationen nach dem Augenmaß bestimmt worden, aber eine genauere Methode war notwendig, um jenen, die immer glaubten, weniger zu erhalten als ihre Kameraden, das Brummen abzugewöhnen, und auch, um uns die Sicherheit zu geben, daß unser Nahrungsvorrat ausreichen werde.

Im Boot waren einige Pistolenkugeln gefunden worden, von denen etwa fünfundzwanzig auf ein Pfund gingen. Bligh bestimmte, daß die Brotmenge, die jeder Mann pro Mahlzeit erhielt, das Gewicht einer jener Kugeln haben sollte. Als Waagschalen wurden zwei Kokosnußschalen benutzt, die an den Enden eines dünnen Holzstäbchens aufgehängt wurden. Die winzige Menge Brot, die nötig war, um das Gegengewicht zu einer der Kugeln zu bilden, bot immer wieder aufs neue einen gar jämmerlichen Anblick für uns.

An diesem Tag vollbrachte Mr. Bligh eine Heldentat, indem er sich von Smith, seinem Diener, rasieren ließ. Es gab weder Wasser noch Seife, um den Bart zu erweichen. Smith ließ sein

Rasiermesser durch die trockenen Haare fahren und hielt jeden Augenblick inne, um das Messer zu schleifen. Die Prozedur dauerte fast eine Stunde, und keiner von uns verspürte Lust, dem Beispiel des Kapitäns zu folgen.

»Bei Gott, Smith«, stöhnte er, als die Prüfung beendet war, »lieber würde ich zwischen allen Wilden der Südsee Spießruten laufen, als das noch einmal durchzumachen. Sind Sie je von einem Indio rasiert worden, Mr. Nelson?«

»Ein einziges Mal«, erwiderte der Botaniker. »Auf der Insel Leefoga. Der Eingeborene benutzte zwei Muscheln, zwischen die er die Barthaare nahm. Es war eine langwierige Geschichte, aber nicht so schmerzhaft, wie ich es mir vorgestellt hatte.«

»Sie sind sehr geschickt, diese Indios«, meinte Peckover, »aber ich ziehe unsere heimische Methode doch vor. Ich würde froh darüber sein, in diesem Augenblick auf dem Stuhl des schlechtesten Barbiers in Portsmouth zu sitzen. Ich würde mich wie im Himmel fühlen, und wenn er mir mit einer Raspel den Bart schabte!«

»Sie werden Portsmouth wiedersehen, Peckover; zweifeln Sie nicht daran!« sagte Bligh ruhig. Tiefe Stille folgte diesen Worten. Alle sahen den Kapitän mit schmerzlicher Sehnsucht an. Jeder wünschte, es glauben zu können, und doch schienen unsere Aussichten, das Ziel zu erreichen, so unendlich gering!

»Und noch etwas anderes werden Sie erleben«, fuhr Bligh fort. »Sie werden Fletcher Christian am Mast eines englischen Schiffes hängen sehen und alle verfluchten Piraten, die ihm folgten, neben ihm!«

»Es wird lange dauern, bis wir diese Befriedigung haben werden, Mr. Bligh«, erwiderte Peckover, »wenn es überhaupt dazu kommt.«

»Glauben Sie?« rief Bligh. »Die Macht Englands reicht weit, merken Sie sich das! Mögen sie sich verstecken, wo immer sie mögen, der Arm der Gerechtigkeit wird sie erreichen, und sie

werden baumeln! Wohin, glauben Sie, haben die Meuterer sich gewendet, Mr. Nelson?«
»Ich glaube, das kann ich Ihnen sagen. Zurück nach Tahiti.«
»Dieser Ansicht bin ich auch«, stimmte der Kapitän zu. »Gebe Gott, daß sie dumm genug sind, dorthin zu fahren!«
»Als unser Boot sich von der ›Bounty‹ entfernte, hörte ich, wie einige von den Meuterern riefen: ›Auf nach Tahiti‹, warf Elphinstone ein. »Es herrschte zwar ein furchtbarer Lärm, aber dennoch habe ich mich bestimmt nicht getäuscht.«
»Was immer sie auch tun mögen«, sagte Nelson, »einer ist unter ihnen, der zu klug ist, um lange in Tahiti zu bleiben: Mr. Christian.«
»Das glaube ich auch«, pflichtete Bligh bei. »Der Schurke ist zu schlau, um an einem Ort zu bleiben, wo man ihn suchen wird. Aber Sie werden sehen: Die anderen werden ihm nicht folgen, und wir werden sie erreichen, so!« Er öffnete die Hand und schloß sie dann wieder, langsam und fest, als hätte er die Meuterer bereits bei der Gurgel.
»Jawohl«, sagte Purcell bitter, »ihr Rädelsführer aber wird frei ausgehen. Er wird nie gefunden werden.«
»Glauben Sie?« rief Bligh mit einem heiseren Lachen. »Sie sollten mich besser kennen, Mr. Purcell. Es gibt keine Insel in der Südsee, auf der er mir entgehen könnte, ob sie nun auf einer Karte eingezeichnet ist oder nicht! Und das weiß er auch!«
»Wohin, glauben Sie, hat er sich gewendet, Sir?« fragte Fryer.
»Wir wollen von dieser Sache nicht mehr sprechen, Mr. Fryer«, antwortete Bligh, und auf lange Zeit hinaus war von den Meuterern nicht mehr die Rede. Der Schimpf, seines Schiffes beraubt worden zu sein, ging ihm sehr zu Herzen, und wenn er auch die »Bounty« selten erwähnte, so wußten wir doch, daß er immer an sie dachte.
Wir fuhren jetzt mit beiden Segeln. Das Meer war so ruhig, daß wir kein Wasser ins Boot bekamen. Die Sonne ging unter,

wie sie aufgegangen war, an einem wolkenlosen Himmel, und die Dunkelheit kam rasch.
Dies war die erste Nacht, seit wir Tofoa verlassen hatten, die wir in einiger Bequemlichkeit verbrachten. Unsere verkrampfte Stellung war zwar nicht angenehmer als vorher, aber das Boot ebenso wie unsere Kleidung waren trocken, und wir konnten einige Stunden erfrischenden Schlafes genießen.
Der 9. Mai glich dem 8. vollkommen. Die See war ruhig, und nur eine leichte Brise wehte. Den ganzen Tag über sahen wir weder Fische noch Seevögel. Am Nachmittag hörte ich, wie Nelson und Bligh sich unterhielten.
»Das Meer ist so weit«, sagte Nelson, »und so still, daß ich beinahe daran zweifle, ob es Wirklichkeit ist oder ob ich träume.«
»Das Meer ist wirklich genug, Mr. Nelson«, entgegnete Bligh, »ich glaube, wir werden uns bald davon überzeugen können.«

7

Am Abend desselben Tages gerieten wir plötzlich in eine heftige Regenbö. Während der Nacht mußten vier Mann ohne Unterlaß Wasser aus dem Boot schöpfen, und zu manchen Zeiten legten wir alle – mit Ausnahme von Bligh – mit Hand an. Bis zum Mittag des 12. Mai blieb das Wetter so. Dann ließ der Wind nach, aber der Himmel sah noch immer gleich bedrohlich aus. Wie eine schwere Decke hingen die Wolken über uns, so tief, daß man beinahe glaubte, sie mit der Hand greifen zu können. Aber es hatte aufgehört zu regnen.
»Ich brauche noch zwei Mann an den Rudern«, sagte Bligh.
»Einer davon möchte ich sein«, rief Lenkletter, und ein Dutzend andere meldeten sich gleichzeitig. Alle lechzten danach,

ihre steif gewordenen Gliedmaßen ein wenig rühren zu können.
Der Kapitän hatte jedem von uns zwei Teelöffel voll Rum verabreichen lassen, und zum Mittagessen erhielten wir außer dem Brot ein kleines Stückchen Pökelfleisch. Dadurch wurde unsere Mahlzeit zum richtigen Festgelage, und der Rum erwärmte uns ein wenig. Die Kälte fürchteten wir um diese Zeit zumindest ebensosehr wie das Meer, denn der Wind, der durch die regennasse Kleidung geblasen hatte, war so bitter kalt gewesen, als käme er geradewegs von Schneefeldern her.
Es war gegen vier Uhr nachmittags, als sich ein unendlich leiser, kaum wahrnehmbarer Laut mit dem drückenden Schweigen der Männer an Bord mischte. Alle Köpfe wandten sich nach Osten. Dort, eine halbe Meile entfernt, sahen wir ihn wieder . . . und dann kam er immer näher, unser erbarmungsloser Feind, der Regen.
Er kam in Gestalt einer schwarzen Wand, schwach beleuchtet von gräulichem Licht. Und dann, ganz plötzlich, so als hätte unser Feind bis zum letztmöglichen Augenblick gewartet, um uns anzuspringen, waren wir mitten darin, durchnäßt, halb ertrunken, nach Atem ringend – in einer Sintflut, wie wir sie noch nie erlebt hatten.
In einem einzigen Augenblick verlor ich die Leute im vorderen Teil des Bootes aus den Augen. Man wird dies kaum für möglich halten, und dennoch war es so; die Barkasse verschwand vor meinem Blick, mit Ausnahme der Bank, auf der ich saß. Selbst die Leute unmittelbar vor mir glichen Schatten, wie verwischt durch die in unvorstellbarer Dichte herabprasselnden Regenmassen. Kapitän Blighs Kommandoworte drangen durch das Tosen des Regengusses undeutlich an mein Ohr. Was er sprach, blieb unverständlich, aber wir wußten dennoch, was wir zu tun hatten. Wir schöpften mit der verzweifelten Entschlossenheit von Menschen, die spüren, wie

das Wasser ihre Füße bedeckt und dann langsam zu ihren Knien ansteigt.
Beinahe nächtliches Dunkel umgab uns, bis ich auf einmal wieder die Umrisse des Bootes erkennen konnte und die Gestalten meiner Kameraden. Und ich wußte, daß das Schlimmste vorüber war. Unsere kleine Schar bot einen bejammernswerten Anblick; das Wasser rann von den Kleidern, die an unseren Körpern klebten; auch von unseren Haaren und Bärten lief es herab, und wir waren wieder durchfroren bis ins innerste Mark.
Dann setzten wir die Segel bei und warteten auf den Wind. Und er kam. Die winzigen Segel, die schwer und dunkel geworden waren vor Regen, füllten sich. Immer stärker blies der Wind, während das letzte Licht des Tages schwand. Wir bestimmten keine Wachen für die Nacht. Wir wußten wohl, daß es mehr als genug Arbeit für uns alle geben werde. An die folgenden sechsunddreißig Stunden kann ich noch heute kaum zurückdenken, ohne etwas von dem Entsetzen zu verspüren, das ich damals empfand. Sturm, Regen und Sturm, unter einem Himmel, der keine Aussicht auf Erlösung gewährte. Die Stunden des Tageslichtes waren arg genug, aber noch schlimmer war es nachts.
Niemals, glaube ich, ist das Morgengrauen so freudig begrüßt worden wie von uns am 14. Mai, und so als hätte er Mitleid mit unseren Leiden, legte sich der Sturm kurz darauf. Sogar ein wäßriger Lichtschein wurde sichtbar, als die Sonne aufging, doch unsere Hoffnung auf blauen Himmel wurde nicht erfüllt. Aber die Wolken standen höher und sahen nicht mehr so bedrohlich aus wie an den vergangenen Tagen. Als ich in die Gesichter rings um mich blickte, bekam ich einen Begriff davon, wie entsetzlich mein eigenes ausgesehen haben muß. Wir steuerten in nordwestlicher Richtung. Tinkler behauptete plötzlich, blaue Berge zu erblicken, die hoch

in der Luft zu schweben schienen. Zuerst wollte ihm niemand glauben, aber als ein wenig später der dichte Nebel sich langsam hob, erkannten wir, daß er sich nicht getäuscht hatte. Die blauen Umrisse eines hohen Gebirges hoben sich nun, für jedermann deutlich sichtbar, von dem grauen Himmel ab. Zuerst glaubten wir, es handle sich um ein einziges Eiland, aber als wir näher kamen, sahen wir, daß es vier verschiedene Inseln waren, die in einer Entfernung von etwa sechs Meilen vor uns lagen.

Wir änderten unseren Kurs, um östlich von der nördlichsten der Inseln vorbeizufahren. Bligh war der Ansicht, daß sie zu den Neuen Hebriden gehörten, die Kapitän Cook so benannt und während seiner zweiten Expedition in die Südsee im Jahre 1774 durchforscht hatte. Der Wind wehte jetzt wieder lebhafter, und wir änderten unseren Kurs aufs neue, um noch näher an die Inseln heranzugelangen. Wir sahen den Rauch vieler Feuer am Ufer aufsteigen; der Gedanke an die Wärme, die sie verbreiten mußten, ließ uns die Kälte und damit unser Elend nur noch deutlicher empfinden.

Wir näherten uns bis auf eine Viertelmeile einer kleinen Bucht, die jener in Tofoa ähnlich war, mit der einen Ausnahme, daß der Strand hier nicht felsig, sondern sandig war und daß grüner Pflanzenwuchs die Küste bedeckte. Unseren seemüden Augen erschien die Insel wie ein Paradies.

»So, Mr. Purcell«, sagte Bligh, »wir wollen uns daranmachen, die Segel auszubessern. Eilt euch, denn ich will nicht mehr Zeit verlieren als notwendig.« Tiefes Schweigen folgte diesem Befehl. Purcell blieb, wo er war. Endlich hob er trotzig den Kopf.

»Mr. Bligh«, sagte er, »wenn Sie die Absicht haben, weiterzufahren, ohne uns Gelegenheit zu geben, uns ein wenig auszuruhen, so bin ich dagegen, und es gibt noch manche unter uns, die ebenso denken.«

Trotz der Steifheit seiner Beine sprang Bligh im Nu auf. Seine Lippen hatten sich zu einem dünnen Strich zusammengezogen, und seine Augen blitzten vor Wut. Als er jedoch die armseligen Gestalten vor sich sah, milderte sich der grimmige Ausdruck seines Gesichtes, und er faßte sich wieder.
»So, es gibt manche?« sprach er ruhig. »Wo sind sie? Sie mögen sich melden!«
»Ich bin einer davon, Mr. Bligh«, antwortete Elphinstone mit hohler Stimme. »Glauben Sie mir, ich spreche auch für meine Kameraden.«
»Wir sind in einem furchtbaren Zustand, Mr. Bligh«, warf Fryer ein. »Eine Nacht an Land würde vielleicht so manchem unter uns das Leben retten. Auf einer so fruchtbaren Insel müssen Nahrungsmittel zu finden sein.«
»Kokosnüsse, Sir«, rief Lenkletter. »Sehen Sie doch nur – dort drüben am Abhang!«
Bligh blickte zum Land hinüber und dann auf uns; er schüttelte den Kopf. »Wir dürfen es nicht wagen, Jungens«, sagte er. »Ihr dürft nicht glauben, daß ich kein Gefühl für eure Leiden habe, denn ich teile sie ja mit euch. Aber die Gefahr ist zu groß!«
»Hier gibt es keine Indios, Sir«, sagte Purcell, »das sieht man deutlich.«
Bligh beherrschte sich mühsam. »Augenblicklich nicht«, entgegnete er, »aber wir haben den Rauch vieler Feuer gesehen, und die Leute haben uns bestimmt erblickt. Die Wilden der Neuen Hebriden sind Kannibalen schlimmster Art, das weiß ich von Kapitän Cook.«
»Ich fürchte sie nicht«, brummte Purcell, »wie immer es damit bei Ihnen bestellt sein mag.«
Bligh warf den Kopf zurück, als habe er einen Schlag ins Gesicht erhalten. Purcell hatte, obgleich er immer ein bissiger alter Bursche gewesen war, noch nie gewagt, so zum Kapitän zu sprechen. Bligh bewies eine Geduld, derer ich ihn nicht für

fähig gehalten hätte. Auf der »Bounty« hatte ich ihn häufig um nichtiger Anlässe willen in besinnungslose Wut geraten sehen. Nun, da er wirklich Anlaß hatte, zornig zu sein, hatte er sich völlig in der Hand. Offenbar begriff er, wie bitter es für uns in diesem Zustand völliger Erschöpfung sein mußte, uns auf einer Insel, die wie der Garten Eden selbst erschien, nicht ausruhen zu dürfen. Nach kurzem Schweigen sagte Bligh: »Gehen Sie an Ihre Arbeit, Mr. Purcell. Wenn nicht, so *werden* Sie an Land gehen – mit mir, mit mir *allein,* das schwöre ich Ihnen.« Der Zimmermann, der einsah, daß er im Unrecht war, gehorchte auf der Stelle.

Mit einem Male rief Lebogue: »Es stimmt, Sir, daß wir gesehen worden sind! Sehen Sie nur – dort drüben!«

Ein halbes Dutzend Wilde kamen aus dem dichten Gebüsch hervor, liefen zum Ufer und starrten uns an. Sie waren bis auf einen schmalen Lendenschurz nackt und mit Speeren, Pfeilen und Bogen bewaffnet. Bald war das ganze Ufer mit Eingeborenen bevölkert. Wir konnten sogar ihre Schreie hören, als sie nun erregt hin und her liefen.

Purcell, der noch vor kurzem so mutig gewesen war, blickte mit sichtlicher Angst auf die nackten Wilden, die immer mehr wurden. »Ihre Freunde am Ufer warten auf Sie«, sagte Bligh. Gleich darauf bemerkte der scharfäugige Tinkler, daß einige Indios die Hügel erklommen, offenbar um die Wilden auf der anderen Seite der Insel zu verständigen.

»Ohne Zweifel haben die Leute drüben in der großen Bucht Kanus und beabsichtigen, auf dem Seeweg an uns heranzukommen«, bemerkte Fryer beunruhigt.

»Scheint so zu sein«, nickte Bligh ruhig. »Immerhin haben wir Zeit, die Segel auszubessern.«

Nie, glaube ich, hat Purcell rascher gearbeitet als damals. Kaum war er fertig, als ein großes Kanu, mit vierzig bis fünfzig Eingeborenen bemannt, um das nördliche Vorgebirge herumkam, etwa eine Meile von uns entfernt. Es hatte keine Segel, näherte sich uns aber mit großer Geschwindigkeit.

»Nun, Mr. Purcell«, meinte Bligh, »wünschen Sie, daß wir die Wilden an uns herankommen lassen? Sie hätten keine Angst vor ihnen, sagten Sie!«

Es war beinahe unmöglich für den Zimmermann, ein Unrecht zuzugeben, aber so schwer es ihm auch fiel, entschloß er sich doch zu einem hastigen »Nein, Sir«.

»Nun gut denn! Machen Sie das Boot segelfertig, Mr. Cole«, befahl der Kapitän.

Einen Augenblick später entfernten wir uns von der Küste. Wir vergaßen unseren Hunger, unsere nassen Kleider – alles, in der Erregung der wilden Jagd. Zuerst kamen uns die Wilden immer näher, und es war klar zu erkennen, daß ihre Absichten keineswegs freundliche waren. Sie schwenkten ihre Waffen und beschossen uns mit Pfeilen. Dann bekamen wir guten Wind, und die Entfernung zwischen uns und dem Kanu der Eingeborenen wurde immer größer. Endlich gaben sie die Verfolgung auf, und wir setzten den früheren Kurs fort. Niemals während der ganzen Reise waren wir so mutlos wie an diesem Nachmittag. Grau und einsam dehnte sich der Ozean vor uns aus, und wir wagten nicht, an die ungeheure Entfernung zu denken, die wir zu überwinden hatten, ehe wir den Fuß auf festen Boden setzen durften. Die meisten unter uns wußten, daß wir noch lange nicht den halben Weg bis Neu-Holland zurückgelegt hatten. Frühestens in einem halben Monat konnten wir dort eintreffen.

Am 23. Mai war unsere Lage so ähnlich der vom 12., daß es schien, als stünde die Zeit still. Wir befuhren die gleiche stürmische See unter den gleichen lastenden Wolken. Einige unter uns waren so schwach, daß sie sich kaum erheben konnten, aber immer wieder vermochten wir irgendwie, her-

umzukriechen und – da wir wußten, daß unser Leben davon abhing – Wasser aus dem Boot zu schöpfen.
Etwa drei Stunden nach Sonnenuntergang war ich in Halbschlaf verfallen, und einen Augenblick später – so schien es mir wenigstens – wurde ich durch ein tiefes Summen des Windes und das Zischen der über uns zusammenschlagenden Wogen geweckt. Niemals waren wir der Gefahr des Kenterns so nahe gewesen wie damals, einige Sekunden lang glaubte ich, wir seien verloren. Bligh brüllte: »Schöpft auf Tod und Leben!« Und das taten wir. Keiner war unter uns, der nicht begriffen hätte, daß wir dem Untergang ganz nahe waren.
Ich will nicht versuchen, das Grauen dieser Stunden zu beschreiben. Immerhin hatten sie auch ihr Gutes: Sie rissen selbst die Schwächsten unter uns aus dem Zustand der Teilnahmslosigkeit heraus und gaben uns Kräfte, die wir selbst nie in uns vermutet hätten. Eine Bö folgte der anderen, begleitet von schweren Gewittern. Nie werde ich das Bild vergessen, das sich mir bot, wenn der Blitz das Dunkel zerriß: Bligh, wie er mit einer Hand das Steuer umklammerte, sich mit der anderen festhielt, um nicht über Bord geschleudert zu werden, indes hinter ihm die Wogen, die uns zu verschlingen drohten, sich emportürmten und ihn mit sprühendem Schaum überschütteten.
Die wenigen Ruhepausen waren stets von kurzer Dauer. Immer wenn wir glaubten, das Schlimmste sei überstanden, kam noch Ärgeres nach. In diesen Stunden, glaube ich, erreichte Bligh den Höhepunkt seiner Seemannslaufbahn. Einmal schoß ein blendender Blitzstrahl herab, unmittelbar gefolgt von einem Donnerschlag, der das Meer in seinen Tiefen zu erschüttern schien. In diesem Augenblick schleuderte eine gewaltige Woge das Boot in eine beinahe senkrechte Stellung empor. Und auf seinem Platz am Steuer saß Bligh wie auf einem

Thron, hoch über uns alle emporgehoben in mehr als dem körperlichen Sinn.

»Schöpft, Jungens!« brüllte er. »Bei Gott! Wir besiegen das Meer selbst!«

8

Während der nächsten Nacht ließ die Heftigkeit des Unwetters nach. Ich konnte zwei oder drei Stunden schlafen. Als ich erwachte, lag ich einen Augenblick regungslos da, in einer Art Betäubung über den Anblick, den meine Kameraden boten.

Nelson lag ganz nahe bei mir. Seine Augen waren halb geschlossen, seine geöffneten Lippen sahen im Morgenlicht ganz blau aus, seine Wangen waren hohl, seine Schläfen eingefallen. Einen Moment lang glaubte ich, er sei während der Nacht gestorben. Dann hörte ich ihn leise atmen. Kapitän Bligh sah in den halb verfaulten Lumpen, in die er gehüllt war, wie eine Vogelscheuche aus; ebenso wie wir alle bestand er nur noch aus Haut und Knochen. Aber er trug den Kopf hoch, und der Ausdruck seiner Augen war der gleiche wie sonst.

»Kommen Sie hierher in die Sonne, Mr. Ledward«, sagte er, »Sie werden sich wie neugeboren fühlen!«

Ich bemühte mich aufzustehen, aber es gelang mir nicht. Bligh half mir, mich auf die Bank neben ihn zu setzen. Dann gab er Hayward und Tinkler ein Zeichen, Nelson aufzuhelfen. Der Botaniker begrüßte mich mit einem geisterhaften Lächeln, das fröhlich erscheinen sollte. »Ich fühle mich schon besser«, sagte er mit schwacher Stimme.

Der Kapitän wandte sich nun an die ganze Mannschaft. »Wir haben Glück«, sprach er, »wir haben das schlechte Wetter hinter uns gelassen. Herunter mit unseren Kleidern, ehe die

Sonne zu hoch steht. Benutzt die Gelegenheit, um eure Sachen einmal ordentlich zu trocknen. Die Sonne auf unserer nackten Haut wird uns so guttun wie ein Glas Grog. Jeder Mann erhält einen Löffel Rum, Mr. Samuel!« Er warf den Leuten einen belobigenden Blick zu und fügte dann hinzu: »Wir wollen das gute Wetter feiern, Jungens! Ein Stück Pökelfleisch mit unserem Brot und Wasser!«

Unsere Kleider, die durch den unaufhörlichen Regen und das Auswringen in Salzwasser zu wahren Lumpen geworden waren, wurden zum Trocknen aufgehängt. Wir boten nun ein seltsames und jämmerliches Schauspiel. Unsere Haut, die so lange vom Regen durchweicht worden war, sah totenweiß aus; sie hatte die gleiche Farbe wie die Bäuche von Fischen. Einige der Leute waren so entkräftet, daß ich kaum begriff, wie sie sich aufrecht halten konnten. Nichts war erstaunlicher als die gute Laune, mit der sie ihre Qualen ertrugen. Die warme Sonne, die noch nicht hoch genug stand, um unsere Haut zu verbrennen, erschien uns wie ein Geschenk des Himmels, und unser Frühstück, bereichert um ein winziges Stückchen Pökelfleisch, war ein fröhliches Mahl.

Nach dem Essen sprach Bligh wiederum zu uns allen: »Der schlimmste Teil unserer Reise ist vorüber. Wir werden innerhalb der Riffe sein, ehe das Wetter umschlägt. Ihr habt euch bisher wie echte englische Seeleute gehalten; nun muß ich weitere Proben der Charakterstärke und der Ausdauer von euch verlangen. Ich weiß nicht hundertprozentig, ob es auf Timor eine europäische Niederlassung gibt. Sollte es keine geben, so wäre es unklug, uns unter die dortigen Eingeborenen zu wagen. Aus diesem Grunde, glaube ich, werdet ihr alle meine Ansicht teilen, daß wir unsere Rationen noch weiter herabsetzen müssen, um im Notfall Java erreichen zu können. Um sicherzugehen, müssen wir von jetzt an ohne die Abendration Brot auskommen.«

Ich blickte verstohlen auf die Leute, denn ich wußte, daß diese Maßnahme des Kapitäns einigen von ihnen beinahe wie ein Todesurteil erscheinen mußte. Ich war deshalb überrascht und erfreut, zu sehen, mit welch fröhlicher Zustimmung Blighs Worte aufgenommen wurden. Sogar der alte Purcell rief mit grimmigem Humor: »Einverstanden! Die Menge Brot, die wir jetzt bekommen, oder gar keines, das ist ohnehin ein und dasselbe! Ich glaube, ich würde auch ganz ohne Brot nach Java kommen!«
»Bei Gott, das glaube ich auch!« nickte Bligh mit einem kurzen, rauhen Lachen.
»Wenn wir erst einmal innerhalb der Riffe sind«, erklärte Nelson, »werden wir kaum mehr Brot brauchen. Es wird Krebse dort geben, und ohne Zweifel werden wir auf den kleinen Inseln auch verschiedene Früchte und Beeren finden.«
Tinkler schmunzelte. Offenbar lief ihm bei diesem Gedanken das Wasser im Munde zusammen. Ebenso wie die anderen Kadetten hatte er die Entbehrungen besser ertragen als die völlig erwachsenen Leute. Tinkler war es auch, der gegen Ende dieses Abends mit einer aus dem Meer aufgefischten Bambusstange, wie sie die Eingeborenen zum Fischfang benutzen, einen Seestorch erlegte. Das Blut des großen Vogels wurde zwischen Nelson, Lamb und Simpson, die am schwächsten waren, aufgeteilt. Und als das Fleisch, die Eingeweide und die Knochen des Tieres unter uns verteilt wurden, kam es uns vor, als setzten wir uns zu einem Festessen nieder.
Am Dienstag sahen wir Kokosnußschalen im Meer schwimmen, ebenso Treibholz, das nicht länger als eine Woche im Wasser gewesen zu sein schien. Wir hatten auch das Glück, drei weitere Seestörche zu erlegen. Ohne deren Blut und rohes Fleisch wären sicherlich zwei oder drei unter uns an diesem Tage gestorben. Am Mittwoch war kein Zweifel mehr daran möglich, daß Land in der Nähe sein mußte. Unzählige Seevö-

gel umflogen unser Boot. Da wir sehr unter den niederbrennenden Sonnenstrahlen litten, riet uns Bligh, aus überflüssigen Stoffetzen Turbane zu machen, sie um den Kopf zu schlingen und sie häufig ins Wasser zu tauchen. Und in der Tat boten uns diese Kopfbedeckungen nicht nur Schutz vor der Sonne, sondern gaben uns auch Erfrischung.

»Ich glaube, daß wir morgen die Riffe sichten werden«, verkündete der Kapitän. »Eine Einfahrt werden wir schon finden.«

Gegen neun Uhr abends legte sich Mr. Bligh neben mir zum Schlaf nieder. »Halten Sie scharf Ausschau, Mr. Cole«, sagte er, »vielleicht sind wir den Riffen näher, als wir glauben.«

Ich lag mehrere Stunden in unruhigem Halbschlaf da und lauschte Blighs ruhigen Atemzügen. Endlich sank ich in Schlummer. Es muß kurz nach Mitternacht gewesen sein, als die Stimme des Bootsmannes mich aufweckte.

»Mr. Bligh, Brandung!«

Sofort war der Kapitän auf den Beinen. Ich hörte ein entferntes, langgezogenes Brausen. Und dazwischen Blighs Kommandorufe. Schon waren einige Leute zum Dienst bereit.

Es war Neumond, aber die Brandung war im Licht der Sterne deutlich sichtbar, als wir näher kamen.

Manche von uns, die auf dem Boden des Bootes lagen, waren zu schwach oder zu teilnahmslos, um auch nur den Kopf zu heben.

Bligh bemerkte, daß ich mich bewegte. »Die Riffe von Neu-Holland, Mr. Ledward! Wir werden bald in ruhigem Wasser segeln und unsere Beine an Land ausstrecken! Sie werden morgen Krebse schmausen, mein Wort darauf!«

Am Morgen waren die meisten Leute, obgleich die Nacht warm und ruhig gewesen war, entsetzlich schwach. Die Vögel, deren Fleisch wir gegessen hatten, hatten uns zwar am Leben erhalten, aber uns keine wirkliche Kraft gegeben.

Zwei Teelöffel Rum wurden ausgegeben, ehe wir unser Wasser tranken und unseren Brocken Brot aßen. Ermutigt durch den Branntwein und die Aussicht auf eine glatte See und Nahrung, ersuchte ich Peckover, mir beim Aufrichten behilflich zu sein.

Nelson war unfähig, eine sitzende Stellung einzunehmen. Mr. Bligh hatte ihm ein paar Tropfen Rum eingeflößt, aber er hatte nur schwach den Kopf geschüttelt, als man ihm Brot reichte. Ich sah, daß der Botaniker trotz all seines Mutes am Ende seiner Kräfte war. Wenn wir keine frische Nahrung für ihn fänden, würde er den nächsten oder übernächsten Tag nicht überleben. Lamb und Simpson waren gleichfalls in einem höchst elenden Zustand, und einigen anderen ging es nicht viel besser.

Gegen neun Uhr erstreckte sich gegen Norden und Süden, so weit unser Auge reichte, eine wirbelnde, schneeweiße Linie. Die gleichmäßig heranrollenden Wogen des Stillen Ozeans brachen sich donnernd und zischend an dem Hindernis des Korallenriffs.

Wir kreuzten längere Zeit in nordwestlicher Richtung, ohne einen Durchlaß durch das Riff zu finden. Der Ostwind, der sich erhoben hatte, trieb uns an die Klippen heran.

Lenkletter, Lebogue und Elphinstone versuchten sich zu erheben, sanken aber zurück, beschämt ob ihrer Schwäche. Fryer, Purcell, Cole und Peckover setzten sich an die Ruder. Aber trotz ihrer heldenhaften Anstrengungen gelang es ihnen nicht, das Boot von den gefährlichen Riffen wegzubringen.

»Nun denn«, rief Bligh, »es bleibt uns nichts übrig, als durch die Brandung durchzukommen!«

Der Gedanke, unsere schwerbeladene Nußschale heil durch diesen schäumenden, gleich einem gewaltigen Wasserfall donnernden Strudel zu bringen, war genug, um selbst dem tapfersten Seemann das Herz im Leibe zittern zu lassen.

Plötzlich rief Tinkler, der wahre Luchsaugen hatte: »Mr. Bligh! Sehen Sie nur! Dort drüben ist ein Durchlaß im Riff!«
Bligh stand sofort auf. Nach einem kurzen Blick auf die Stelle, auf die der Kadett deutete, wandte er sich an die Mannschaft. »Hört auf zu rudern, Leute!« sagte er. »Dort drüben liegt ein Kanal, vielleicht der, den Kapitän Cook benutzt hat. Wir kommen mit den Segeln durch!«

9

Der Kanal war kaum eine Meile von uns entfernt; in einer Viertelstunde hatten wir ihn erreicht. Er erwies sich als breit genug, um uns bequem Durchlaß zu gewähren. Sobald wir das Riff hinter uns gelassen hatten, hörte das Rollen des Meeres auf. Die Barkasse glitt in schneller Fahrt über eine Wasserfläche, die so glatt war wie ein See. Zwei Inseln, von denen eine gebirgig und bewaldet war, wurden in einer Entfernung von etwa vier oder fünf Seemeilen sichtbar; unmittelbar dahinter erblickte ich das Festland von Neuholland selbst – Berge und Täler, zum Teil mit dichtem Wald bedeckt.
Am späten Nachmittag erreichten wir die erste der beiden Inseln, die kaum mehr als ein Steinhaufen war. Das größere Eiland mochte etwa einen Umfang von drei Meilen haben und wies im Nordwesten eine geschützte sandige Bucht auf. Von dieser Bucht war das Festland höchstens vierhundert Meter entfernt. Da keine Spur von Eingeborenen zu sehen war, landeten wir. Seit sechsundzwanzig Tagen hatten wir keinen festen Boden unter den Füßen gehabt.
Bligh war der erste, der die Insel betrat; er wankte ein wenig vor Schwäche und wohl auch wegen des ungewohnten Gefühls, festen Grund unter sich zu spüren. Fryer, Purcell,

Peckover, Cole und die Kadetten folgten. Sie alle konnten gehen, wenn es ihnen auch schwerfiel. Hall, Smith, Lebogue und Samuel brachten es gleichfalls fertig, aus eigener Kraft das Boot zu verlassen. Sie stolperten oder krochen zu einer Stelle, die mit weichem Sand bedeckt und von niedrigen Bäumen beschattet war. Wir anderen befanden uns in einem solchen Zustand, daß wir der Hilfe unserer stärkeren Kameraden bedurften, um das Ufer zu erreichen.

Als alle an Land waren, wandte sich Bligh an den Schiffer. »Mr. Fryer«, sagte er, »nehmen Sie die Leute, die sich stark genug fühlen, und gehen Sie auf die Suche nach Krabben! Auf den Klippen dort drüben muß es auch Austern und Muscheln geben. Sie, Mr. Peckover, werden mit mir die Insel durchforschen. Mr. Cole, Sie halten Wache beim Boot. Sorgen Sie dafür, daß heute abend kein Feuer angezündet wird!«

Der Kapitän flößte Nelson und mir einen Schluck Wein ein. Das sowie auch die Aussicht auf Speise und die Freude, wieder einmal an Land zu sein, gaben uns neue Kraft. Wir lagen Seite an Seite. Der Strand war wohlig warm; Zwergpalmen gaben angenehmen Schatten.

Wir sprachen nur wenig. Wir brauchten Zeit, um uns mit dem Gedanken vertraut zu machen, daß wir noch am Leben waren; es erschien uns wie eine unermeßliche Gunst des Schicksals.

Als die Sonne unterging, sahen wir von weitem die auf die Suche nach Lebensmitteln ausgeschwärmten Kameraden zurückkehren. Ich wußte, wie müde sie sein mußten, und schämte mich meines Mangels an Kraft.

Der Kapitän und Peckover hatten ihre Hüte mit Früchten gefüllt. »Werfen Sie einen Blick darauf, Mr. Nelson«, bat Bligh, »wir haben, weiß Gott, wenig genug gefunden. Ich bemerkte, daß die Vögel diese Beeren fressen. Können auch wir sie verzehren?«

»Sie sehen gut und nahrhaft aus. Ich erkenne die Familie, denen sie angehören, wenn ich auch die Arten nicht genau feststellen kann. Könnten nicht einige Leute das Mark dieser Palmen herausschneiden? Ich glaube, es wird recht wohlschmeckend sein.«

»Verflucht«, rief Bligh, »daran habe ich nicht gedacht. Was wieder einmal beweist, daß man auf jedem Schiff einen Botaniker haben sollte. Wir sind meilenweit gewandert, um ein paar Beeren zu ergattern, und Mr. Nelson findet ein paar Schritte vom Boot entfernt Nahrung für uns!«

Fryer kam mit seinen Leuten am Strand entlang zurück. »Heute abend werden wir nach Herzenslust schmausen«, rief er uns zu. »Wir haben eine Menge Austern gefunden! Sie sind größer und schmecken besser als die in der Heimat!«

»Kommt, Jungens«, sagte Bligh, »wir wollen uns darüber hermachen, ohne Zeit zu verlieren!«

Ich empfahl Nelson, Lamb und Simpson, an diesem Abend nichts anderes als Austern zu essen – eine Diät, die ihrem schwachen Zustand angemessen war; auch ich selbst nahm nichts anderes zu mir. Die Nacht war warm und klar. Als wir die Mahlzeit beendet hatten und uns an dem kühlen, frischen Wasser, das die Männer auf der Insel gefunden hatten, satt getrunken hatten, legte ich mich im Sand zur Ruhe nieder.

Das laute Geplapper der Papageien, die vom Innern unserer Insel dem Festland zuflogen, weckte mich. Schwarm auf Schwarm folgte einander unter großem Lärm; der letzte Vogel war verschwunden, ehe die Sonne aufging. Meine Kameraden schliefen noch, nur den Bootsmann sah ich vom Boot durch das seichte Wasser zum Strand waten. Er legte sein Hemd und seine zerfetzte Hose ab und tauchte ins Wasser.

Ich sehnte mich danach, seinem Beispiel zu folgen, und bemerkte zu meiner Freude, daß ich gehen konnte.

Cole, der noch immer im Meer herumplätscherte, begrüßte

mich. »Ich brauche nicht zu fragen, wie Sie geschlafen haben, Mr. Ledward! Sie sehen wie neugeboren aus!«

Und so fühlte ich mich auch, als ich in dem kühlen Seewasser gebadet und meine zerrissenen Kleider wieder angezogen hatte, die ein Londoner Lumpensammler nicht angerührt hätte. Inzwischen hatten sich auch die anderen erhoben und bewegten sich mit dem unsicheren Gang kleiner Kinder umher.

Fryer wurde mit ein paar Mann ausgesandt, um Austern zu holen, zwei andere Leute wurden ins Innere der Insel beordert, um auf die Suche nach Früchten zu gehen.

Cole und Purcell machten sich daran, das Boot gründlich in Ordnung zu bringen für den Fall, daß wir auf Wilde stießen. Ich war unter denen, die der Kapitän anwies, während des Vormittags auszuruhen und Kräfte zu sammeln.

Kurz vor zwölf Uhr kehrten die Austernsammler mit reicher Beute heim. Nelson und ich hatten aus Steinen einen Herd gefertigt, und wir hatten uns auch kräftig genug gefühlt, um Brennholz zu sammeln. Bligh machte mit Hilfe seines Vergrößerungsglases Feuer und überwachte die Zubereitung des ersten warmen Mahles, seit wir vor beinahe einem Monat Tofoa verlassen hatten. Aus Austern, Brot und einem Pfund feingeschnittenen fetten Pökelfleisches wurde ein herrliches Gericht gekocht. Schon als wir es im Kessel brodeln hörten und köstliche Düfte daraus aufstiegen, lief uns das Wasser im Mund zusammen.

»Verflucht«, rief Bligh, nachdem er das Essen gekostet hatte, »ich habe öfter als einmal auf englischen Schiffen schlechter gegessen.«

»Und manches bessere Essen hat Ihnen nicht so gut gemundet, nehme ich an«, bemerkte Nelson.

Nach der Mahlzeit fühlte ich mich so frisch, daß ich mich mit Nelson zu einem Spaziergang ins Innere der Insel aufmachte, den wir allerdings noch ein wenig schwankend absolvierten.

Das Land war felsig und ziemlich unfruchtbar; nur verkrüppelte Bäume wuchsen hier. An der höchsten Stelle der Insel waren Papageien und Wildtauben damit beschäftigt, Beeren zu picken, die es hier im Überfluß gab. Obwohl wir versuchten, einige Vögel mit Steinwürfen herunterzuholen, gelang es uns nicht, einen zu erbeuten. Als wir in östlicher Richtung weiterwanderten, trafen wir auf zwei eingestürzte Eingeborenenhütten. Sie waren primitiver als irgendwelche Behausungen, die wir bisher in der Südsee gesehen hatten.
Im Sand unweit der Hütten bemerkte ich die Spuren eines großen Tieres, die mit denen keines anderen, das ich kannte, Ähnlichkeit hatten. Nelson untersuchte sie sorgfältig.
»Ich glaube, ich kann Ihnen den Namen des Tieres sagen«, erklärte er. »Mr. Gove, Kapitän Cooks Leutnant, schoß eines davon. Es war so groß wie ein Mensch, mausfarben und bewegte sich auf den Hinterbeinen hüpfend vorwärts. Die Indios nannten es Känguruh.«
»Ist das Fleisch eßbar?«
»Cook fand es ebenso gut wie bestes Hammelfleisch. Die Tiere sollen sehr scheu sein und schneller laufen als ein Pferd.«
Auf dem Heimweg ließen wir es uns nicht nehmen, durch das Einsammeln von Austern und Muscheln zum Abendbrot beizutragen. Auch an diesem Abend war das Essen nicht minder vortrefflich als tags zuvor. Gegen Sonnenuntergang bemerkten wir auf dem Festland, in einer Entfernung von etwa zwei oder drei Meilen, Rauchsäulen aufsteigen. Bligh wies wiederum einige Leute an, in der Barkasse zu übernachten. Auch am Ufer wurde eine Wache aufgestellt.
»Wir müssen auf der Hut sein«, sagte Bligh, »obgleich meiner Ansicht nach während der Nacht kaum zu fürchten ist, daß die Eingeborenen uns besuchen werden. Unser Feuer verursacht keinen Rauch, und das Boot können sie nicht gesehen haben.«
Wir begaben uns auf unsere Schlafplätze. Nelson war beinahe

sofort eingeschlafen; mich hingegen hielt die wiedergekehrte Lebenskraft noch wach, und lange lag ich da, zu dem mit Sternen übersäten Himmel emporblickend. Purcell und der Schiffer lagen in meiner Nähe und unterhielten sich leise. Vielleicht glaubten sie, daß ich schon schlafen würde. Ich vernahm, wie sich ihre Unterhaltung der Meuterei zuwandte.
»Undankbar?« sagte der Zimmermann. »Den Teufel noch einmal! Wofür sollten sie ihm denn dankbar sein? Fletcher Christian wurde vom Kapitän schlechter behandelt als ein Hund. Nicht, daß ich die Meuterer in Schutz nehmen will. Ich würde mich freuen, jeden einzelnen von ihnen baumeln zu sehen; aber das eine sage ich: Wenn je ein Kapitän es verdiente, sein Schiff zu verlieren, so war es Bligh.«
»Wenn Sie dieser Ansicht sind, weshalb schlossen Sie sich dann nicht Christian an?« fragte Fryer.
»Die Anhänglichkeit an Kapitän Bligh war es bestimmt nicht, die mich davon abhielt, darauf können Sie sich verlassen«, entgegnete Purcell. »Er hat sich die Meuterei selbst zuzuschreiben, und das werde ich auch nicht verschweigen, falls wir in die Heimat kommen.«
»Bligh hat seine Fehler«, gab Fryer zu. »Er traut es keinem seiner Offiziere zu, seine Pflichten selbständig zu erfüllen; bei allem muß er persönlich anwesend sein. Er ist auch nicht wählerisch in seinen Ausdrücken. Aber welcher Kapitän ist das? Die Marine ist kein Platz für empfindliche Naturen. Wo wären wir heute ohne ihn? Wollen Sie mir das vielleicht sagen? Wen möchten Sie an seiner Stelle in der Barkasse wissen?«
»Ich leugne nicht, daß er seine guten Seiten hat«, mußte der Zimmermann widerwillig zugeben.
Als ich endlich einschlief, dauerte ihr Gemurmel noch fort. Beim Erwachen fühlte ich mich so wohl wie seit langem nicht. Nelson war schon auf.

Einige Leute waren gerade im Begriff, auf die Suche nach Austern zu gehen.
Nach dem Mittagessen sagte der Kapitän: »Ungefähr zwei Stunden vor Sonnenuntergang werden wir abfahren. Wir können der Gefahr, von den Kanus der Eingeborenen überrascht zu werden, am besten dadurch entgehen, daß wir soviel wie möglich bei Nacht fahren. Mr. Nelson und ich werden das Boot bewachen, alle anderen werden Austern sammeln gehen als Vorrat für die Fahrt.«
Der Schiffer hatte sich gerade zu einem Mittagsschläfchen hingelegt; jetzt setzte er sich mit trübem Gesichtsausdruck auf. »Könnten wir uns nicht heute nachmittag ausruhen, Sir? Wir sind alle noch nicht recht bei Kräften, und sicherlich werden wir an jedem Landungsplatz Austern finden!«
»Jawohl«, brummte Purcell. »Sie versprachen uns, daß wir in diesen Gewässern viele Inseln anlaufen würden!«
»Das stimmt«, nickte der Kapitän, »aber wer gibt uns die Gewähr, daß wir dort Austern finden werden? Daß es hier genug davon gibt, wissen wir. Im übrigen habe ich eure verfluchten Klagen und Beschwerden bald satt!« Mit zorngerötetem Gesicht erhob er sich und ging weg, so als fürchte er, sich nicht länger beherrschen zu können.
Gegen vier Uhr nachmittags kehrten wir, mit Austern beladen, zurück und waren bald abfahrbereit. Wir nahmen unsere Plätze in der Barkasse ein, der Anker wurde gerade gelichtet und die Segel gesetzt, als wir auf dem uns gegenüberliegenden Ufer des Festlandes einige Eingeborene sahen, die laut zu uns herüberbrüllten. Auf dem dahinterliegenden Hügel wurde eine größere Anzahl Menschen sichtbar, aber zu unserer großen Befriedigung schienen sie nicht über Kanus zu verfügen. Infolge dieses erfreulichen Umstandes konnten wir ziemlich nahe an ihnen vorbeifahren. Sie trugen Lanzen in der linken Hand, während sie in der rechten eine Waffe oder ein Werk-

zeug trugen, das eine ovale Form hatte und etwa zwei Fuß lang war. Diese Wilden waren keinen ähnlich, die wir bisher in der Südsee gesehen hatten.
Der Wind frischte auf, und unser Boot kam rasch in nördlicher Richtung vorwärts, indes das Geschrei der Wilden schwächer und schwächer wurde und endlich verhallte.
Die drei Ruhetage und die ausreichende Ernährung hatten uns so gekräftigt, daß wir der uns umgebenden Landschaft einige Aufmerksamkeit schenken konnten.
Die Küste war flach, öde und einsam, unbewohnt und scheinbar unbewohnbar; und doch wußten wir seit dem Vortage, daß zumindest vereinzelt Eingeborene ihren Unterhalt dort fanden. Nordöstlich erblickten wir eine Anzahl von kleinen Inseln. Kapitän Bligh steuerte unser Boot zwischen ihnen und dem Festland hindurch. Die Meerenge war höchstens eine Meile breit, und als wir sie durchfuhren, kamen einige Wilde ganz nahe an das Ufer des Meeres und betrachteten uns.
»Ich möchte mir diese Burschen etwas näher ansehen«, sagte Bligh.
Wir steuerten die Barkasse so nahe, wie es mit Rücksicht auf die Klippen ratsam schien, an das Ufer heran. Als die Wilden unsere Absicht erkannten, liefen sie ein Stück landeinwärts.
Bligh brüllte: »Heda, kommt an Bord!« und schwenkte sein Hemd als Signal, aber die Wilden waren nicht zu bewegen, näher zu kommen. Sie waren vollkommen nackt, und ihre Körper hoben sich im hellen Morgenlicht schwarz wie Tinte von dem Sand und den nackten Felsen ab. Ihre Scheu war für uns, die wir unbewaffnet und vor Entbehrungen geschwächt waren, eine Ermutigung – wir fühlten, daß wir von kleineren Gruppen dieser Leute nichts zu fürchten hätten.
»Sie werden nicht kommen«, erklärte Nelson, nachdem wir den Eingeborenen längere Zeit hindurch Zeichen gegeben hatten. »Das ist schade, denn sie sehen recht harmlos aus, und

sie müssen Mittel kennen, sich Nahrung zu verschaffen, die uns zustatten käme.«

»Sie fürchten sich. Wir können ruhig unseren Weg fortsetzen«, nickte Bligh. »Sir Joseph Banks ist sehr begierig darauf, eine Beschreibung der Wilden von Neuholland zu erhalten. Er wird sich mit dem wenigen begnügen müssen, das ich ihm über ihr Aussehen im allgemeinen werde sagen können.«

Wir hißten die Segel und steuerten auf eine Insel zu, die unmittelbar vor uns lag und etwa vier Meilen vom Festland entfernt war. Etwa eine Stunde später erreichten wir sie. Obgleich sie felsig war, konnten wir ohne Schwierigkeiten landen. Wir brachten alles, was wir hatten, an Land, um das Boot einmal gründlich reinigen zu können. Unsere Wassergefäße und den kostbaren Brotvorrat legten wir an eine geschützte Stelle unter einen überhängenden Felsen. Als das Boot ausgeschrubbt war, bildete Mr. Bligh zwei Gruppen, die auf die Suche nach Krabben gehen sollten. Die eine Gruppe wurde Purcell unterstellt.

Die Leute warteten auf den Zimmermann, der sich am Strand niedergelassen hatte.

Die andere Schar, unter Führung Peckovers, hatte sich bereits längs des Ufers in südlicher Richtung entfernt.

»Los, Mr. Purcell«, sagte Bligh schroff, »machen Sie sich sogleich mit Ihren Leuten auf den Weg. Wir haben hier keine Zeit zu verlieren.«

Der Zimmermann blieb sitzen. »Ich habe schon mehr Arbeit geleistet, als mir zukam«, sagte er in säuerlichem Ton. »Sie können jemand anderen mit diesen Leuten aussenden.«

Bligh funkelte auf ihn nieder. »Hören Sie mich nicht?« rief er. »Machen Sie sich auf die Beine, und zwar schleunigst!«

Der Zimmermann machte keine Miene zu gehorchen.

»Ich bin genauso gut wie Sie selbst«, brummte er, »und ich bleibe, wo ich bin.«

Ich hatte seit langem etwas dieser Art erwartet und mich eigentlich gewundert, daß der offene Bruch zwischen dem Kapitän und dem Zimmermann nicht schon früher erfolgt war.
Bligh ergriff zwei Stutzsäbel, ging zu Purcell und gab ihm einen davon in die Hand.
»Nun denn«, sagte er, »stehen Sie auf und verteidigen Sie sich! Wenn Sie geradeso gut sind wie ich, so sollen Sie es beweisen, hier auf der Stelle!«
Es war kein Zweifel daran möglich, daß Bligh es vollkommen ernst meinte. So ernst die Situation war, so war sie, wenn ich jetzt daran zurückdenke, doch zugleich auch ein wenig komisch. Ich habe die Szene noch genau vor Augen: das sandige Stück Strand zwischen nackten Felsen, die kleine Gruppe der Zuschauer, angetan mit Kleidungsstücken, die in Fetzen an ihren ausgemergelten Körpern herunterhingen, die beiden Gegner, die trotz übermenschlicher Entbehrungen noch Kampfgeist in sich hatten. So glaubte ich wenigstens anfangs; aber der Zimmermann ließ bald erkennen, daß seine Lust auf eine Auseinandersetzung dieser Art äußerst gering war. Er erhob sich, hielt den Säbel so, als ließe er ihn am liebsten fallen, und starrte Bligh mit erschrockenem Gesichtsausdruck an.
Mit entschlossener Miene ging dieser auf den Zimmermann los, der ängstlich zurückwich.
»Wehren Sie sich, verflucht noch einmal!« brüllte Bligh. »Wehren Sie sich, sage ich, oder ich werde Sie umbringen wie einen Hund!«
Purcell war größer als Bligh, aber dessen Kampfgeist fehlte ihm vollkommen. Bligh war außer sich, und hätte der Zimmermann es darauf ankommen lassen, so wäre einer von ihnen auf dem Platz geblieben. Wem das Schicksal beschieden gewesen wäre, darüber hegte ich kaum einen Zweifel. Aber Purcell

machte schleunigst kehrt und ergriff vor seinem Verfolger die Flucht.

»Kommen Sie zurück, Mr. Purcell«, rief Bligh. »Bei Gott, Sie sind noch feiger, als ich vermutet habe. Kommen Sie her ... Also, nehmen Sie zurück, was Sie gesagt haben?«

»Ja, Sir«, antwortete Purcell.

»Gut«, sagte Bligh. »Und daß mir in Zukunft solche Frechheiten nicht mehr vorkommen. Jetzt gehen Sie an Ihre Arbeit!«

Von dieser Zeit an war das Verhältnis zwischen den beiden Männern etwas besser. Während die anderen auf die Suche nach Nahrung gegangen waren, bestiegen Bligh, Nelson und ich den höchsten Punkt der Insel, aber wir konnten von dort aus nur wenig mehr vom Festland sehen als vom Ufer aus. Im Schatten eines großen Felsens ruhten wir uns aus. Die Lagunen, die sich nach allen Seiten erstreckten, waren im klaren Morgenlicht wahre Wunder an Farbenpracht. Fast unmittelbar unter uns war die Barkasse zu sehen, die von dieser Höhe aus wie ein Kinderspielzeug aussah.

»Dort liegt sie«, sprach Bligh, das kleine Fahrzeug liebevoll anblickend. »Jedes Brett, jeder Nagel an ihr ist mir ans Herz gewachsen. Hätten Sie es für möglich gehalten, Mr. Nelson, daß sie achtzehn Menschen diesen weiten Weg tragen würde? Und Sie, Mr. Ledward?«

»Gerade jetzt dachte ich daran«, antwortete Nelson. »Gott hat uns geleitet. Anders ist es nicht möglich.«

»So ist es«, nickte Bligh ernst, »aber Gott erwartete von uns, daß auch wir unseren Teil tun würden. Sonst hätte Er uns nicht geholfen.«

»Welche Entfernung haben wir bis jetzt im ganzen zurückgelegt?« fragte ich.

»Ich habe es heute morgen ausgerechnet«, antwortete Bligh. »Ich denke, wir haben von Tofoa bis hierher eine Entfernung von 2390 Meilen hinter uns gebracht.«

»Gott sei gedankt, daß wir einen so großen Teil der Reise hinter uns haben«, sagte Nelson. »Nun haben wir wohl noch ungefähr 1000 Meilen vor uns, nicht wahr?«
»Wohl etwas mehr«, antwortete Bligh. »150 bis 200 Meilen müssen wir wohl noch längs der Küste von Neuholland fahren. Dann werden wir wieder das offene Meer erreichen.«
»Ich für meinen Teil gedenke die Reise zu überleben«, meinte Nelson mit einem schwachen Lächeln, »und wäre es nur, um die Absichten der Schurken, die uns zu diesem Elend verurteilt haben, zunichte zu machen.«
»Gesprochen wie ein Mann, Mr. Nelson«, sagte Bligh. Ein harter Zug kam um seine Lippen. »Bei Gott: Ich würde mit dem Boot bis England fahren, wenn es nötig wäre, mit nichts anderem als Wasser im Magen, um des Vergnügens willen, die Meuterer der Gerechtigkeit auszuliefern!«
»Wollen Sie selbst versuchen, sie zu finden?« erkundigte sich Nelson.
»Versuchen? Bei Gott, ich werde mehr tun als es versuchen! Ich werde Tag und Nacht auf den Stufen der Admiralität sitzen, bis man mir ein Kommando über ein Schiff überträgt, das sie ausforscht und dem Galgen überliefert. Ich werde nicht ruhen und rasten, bis ich wieder unterwegs und den Kerlen auf den Fersen bin. Kommen Sie, meine Herren! Wir wollen hinabsteigen. Um jeden Augenblick, den wir auf dem Weg zu unserem Ziel verlieren, tut es mir leid!«
Als wir wieder zum Strand zurückgekehrt waren, entdeckten wir ein altes Kanu, das mit dem Boden nach oben halb im Sand vergraben lag. Obgleich wir unsere Kräfte vereinten, gelang es uns nicht, es von der Stelle zu rücken, geschweige denn, es umzudrehen. Es war etwa dreißig Fuß lang und hatte einen scharf vorstehenden Bug, der auf primitive Art in Form eines Fischkopfes geschnitzt war. Wir schätzten, daß das Fahrzeug etwa zwanzig Mann fassen könne.

»Hier haben wir den besten Beweis«, bemerkte Bligh, »daß die Neuholländer nicht ausschließlich Landratten sind. Um so mehr ist mir daran gelegen, möglichst rasch vom Festland wegzukommen. Wir müssen scharf Ausschau nach diesen Gesellen halten. In unserem geschwächten Zustand wären wir eine leichte Beute für sie.«

Bald darauf gesellte sich Purcell mit seinen Leuten zu uns. Sie trugen auf einer Stange den kupfernen Kessel, der über die Hälfte mit fetten Austern und Muscheln gefüllt war. Bligh empfing den Zimmermann, der ein wenig verlegen schien, auf gewohnte Art.

»Sie haben ja prächtige Beute gemacht, Mr. Purcell«, sagte er. »Heute werden wir uns einmal alle ordentlich den Bauch füllen können.«

Nach dem Essen ruhten wir uns eine Stunde lang im Schatten der Felsen aus. Ich war gerade in einen erfrischenden Schlaf gefallen, als Mr. Bligh mich aufrüttelte. »Bedaure, Sie zu stören, Mr. Ledward«, sagte er, »aber wir müssen weiter. Wir sind hier zu nahe am Festland, und ich verspüre keine Sehnsucht nach einem nächtlichen Besuch der Wilden.«

Am nächsten Morgen befanden wir uns westlich von vier kleinen Inseln, die von einem felsigen Riff umgeben und untereinander durch Sandbänke verbunden waren, die nur während der Ebbe über das Wasser hinausragten. Innerhalb des Riffs breitete sich spiegelglatt eine Lagune aus, zu der eine kleine Durchfahrt führte. Wir lenkten die Barkasse sogleich hindurch. Kapitän Bligh nannte die Gruppe Laguneninseln und erfreute uns durch die Mitteilung, daß wir den Tag und die folgende Nacht hier verbringen würden. Leider bestanden die Inseln nur aus Sand und Felsen, die mit dürrem Gras und einigen verkrüppelten Bäumen bestanden waren. Immerhin gaben die Bäume ein wenig Schatten. Cole, Samuel, Tinkler, Lamb und ich wurden ausgesandt, um auf der Insel, auf der

Seevögel nisteten, auf Beute auszugehen. Unser Weg führte uns über einen schmalen natürlichen Damm, der aus gehärtetem Sand über einer Unterlage von Korallen bestand. Tinkler und Lamb waren uns bald voraus, während wir die Klippen nach Austern absuchten.

Wenn Bligh anwesend war, vermieden wir es stets, von der Meuterei zu sprechen. Ein einziges Mal hatte der junge Tinkler es gewagt, zwei Kadetten zu verteidigen, die auf der »Bounty« zurückgeblieben waren, aber Bligh hatte ihn so zornig angeherrscht, er möge schweigen, daß sich keiner von uns je wieder versucht fühlte, das Thema in Anwesenheit des Kapitäns zu berühren.

Nun aber hatten wir das Bedürfnis, unsere Meinungen über die Meuterei und die Gründe, die dazu geführt hatten, auszutauschen.

»Worüber ich mir immer wieder den Kopf zerbreche«, sagte Cole, »ist, wie Mr. Christian seinen Plan schmieden konnte, ohne daß einer von uns Wind davon bekam.«

»Es war ein plötzlicher Entschluß von ihm, dessen bin ich sicher«, sagte ich.

»Diese Meinung teile ich nicht«, widersprach Samuel. »Ohne Zweifel hatte sich der Schurke alles reiflich zurechtgelegt und nur einen günstigen Augenblick abgewartet.«

Cole nickte. »Ja, so muß es gewesen sein. Was kann ihn nur zu solch einer Wahnsinnstat veranlaßt haben?« Er schüttelte den Kopf. »Im Grunde genommen konnte ich Mr. Christian immer gut leiden. Er war aufbrausend und jähzornig, aber ich hielt ihn immer für einen wahren Gentleman und einen treuen Offizier.«

»Die Marine kann ›treue Offiziere‹ dieser Art wohl entbehren«, antwortete ich. »Sie sind zu mild in Ihrem Urteil, Mr. Cole. Er muß gewußt haben, daß er uns alle so gut wie sicher dem Tode auslieferte.«

»Entschuldigen Sie, Mr. Ledward, aber das glaube ich nicht. Sicher wußte er damals nicht, was er tat. Er kann nicht bei Sinnen gewesen sein. Eines aber ist sicher: Nie wieder wird er Frieden finden. Unser Schicksal wird sein Gewissen bedrükken bis an das Ende seiner Tage.«

»Er wird baumeln«, rief Samuel zuversichtlich. »Wo immer er sich auch verstecken mag, Kapitän Bligh wird ihn finden und ihn seiner wohlverdienten Strafe zuführen.«

10

Vor Anbruch des Tages waren wir munter, erfrischt durch sechs oder sieben Stunden Schlaf. Es war ein schöner Morgen mit wolkenlosem Himmel und einer frischen ostsüdöstlichen Brise, die uns bewog, so bald wie möglich weiterzusegeln.

Mr. Fryer nahm am Steuer Platz. Kapitän Bligh setzte sich neben ihn, sein Tagebuch offen vor sich auf den Knien. Wie gewöhnlich beschäftigte er sich damit, eine Karte der Küste anzulegen. Häufig blickte er auf den Kompaß, um die Lage von Vorgebirgen und sonstigen markanten Punkten festzuhalten. Während der ganzen Zeit, die wir innerhalb der Riffe von Neuholland segelten, war Bligh in diese Arbeit vertieft. Ich bin völlig überzeugt davon, daß er während dieser langen Stunden völlig vergaß, daß er sein Schiff verloren hatte und sich in einem kleinen, unbewaffneten Boot befand, von wilden Stämmen bedroht, Hunderte von Meilen von der nächsten europäischen Niederlassung entfernt.

Wir erreichten eine kleine Insel, auf der wir die Nacht zu verbringen beabsichtigten. Sie war nicht viel mehr als ein mit niedrigen Sträuchern bewachsener Steinhaufen, der nur eine einzige Landungsmöglichkeit bot.

Der Kapitän bestimmte, daß ein Teil der Besatzung im Boot bleiben solle, denn die Nacht war stürmisch, und er fürchtete, daß die Barkasse abgetrieben werden könnte. Die Schwächeren unter uns erhielten Erlaubnis, an Land zu gehen. Im glühendroten Licht des Sonnenuntergangs hatte die Insel etwas Unheimliches.

Als der Morgen graute, ging ich mit Nelson auf die Suche nach Austern und Krabben, aber unsere Mühe war vergeblich. Plötzlich hörte ich, wie Nelson, der vorausgegangen war, mir etwas zuschrie. Ich sah, wie er versuchte, eine Schildkröte von ungeheurer Größe umzudrehen, die gerade aus einem Gebüsch hervorgekommen und nun auf dem Weg zum Rand des Meeres war. »Ledward!« rief er wiederum in höchster Anstrengung.

Einen Augenblick später war ich an seiner Seite, aber unsere vereinten Kräfte reichten nicht aus, um eine Seite der Schildkröte aus dem Sand zu heben. Während wir uns bemühten, sie auf den Rücken zu legen, bewegte sie verzweifelt ihre Schwimmbeine, einen Schauer von Sand über uns ausschüttend, und kam dabei mit großer Geschwindigkeit dem Meer näher, das nur wenige Meter entfernt war. Ihre Kraft war gewaltig; sie wog sicherlich nicht weniger als vierhundert Pfund. Da wir die Unmöglichkeit, sie umzudrehen, erkannten, gaben wir es auf, und jeder von uns packte mit aller Kraft eines der Hinterbeine. Auf diese Art versuchten wir, sie zurückzuhalten, aber sie hatte bereits den feuchten Sand erreicht, wo sie besseren Halt finden konnte. Trotz unserer Bemühungen zog sie uns allmählich ins Wasser. Solange dieses seicht war, hielten wir das Tier noch fest; als es das tiefere Wasser erreicht hatte, mußten wir es loslassen.

Schwer atmend, naß von Kopf bis Fuß, hatten wir kaum genug Kraft, um an das Ufer zurückzugelangen. Dort sanken wir nebeneinander nieder. Nach einem langen Schweigen blickte mich Nelson mit einem sauren Lächeln an.

»Bei Gott«, sagte er traurig, »das war ein Pech! Das Ungeheuer hätte uns zwei Wochen lang mit Nahrung versorgt, Ledward!«
Wieder schwiegen wir. Endlich sagte der Botaniker: »Wollen den anderen lieber nichts davon sagen, was, Ledward?«
Langsam gingen wir zu unseren Kameraden zurück. Bligh erwartete uns bereits. Da sich nichts Eßbares auf der Insel gefunden hatte, bestiegen wir das Boot und hißten die Segel. Gegen zwei Uhr war im Norden, Süden und Westen kein Land mehr zu erblicken.
Die folgenden Tage überraschten uns mit schweren östlichen Stürmen und wahren Sintfluten furchtbar niederprasselnden Regens. Ohne Unterlaß tobte das Unwetter. Über das Elend dieser Woche will ich mich kurz fassen.
Am 10. Juni lag ich zusammengekrümmt im hinteren Teil des Bootes. Die Stärkung, die uns der Aufenthalt auf der Insel gebracht hatte, war wieder völlig verschwunden; ich war schwächer denn je. Der Zustand Lambs, Simpsons und Nelsons war ebenso schlecht wie der meine, und Lebogue, der Segelmacher der »Bounty«, früher der kräftigste und ausdauerndste alte Seemann, den man sich nur vorstellen konnte, lag mit geschlossenen Augen da; seine Beine waren gräßlich geschwollen. Als an diesem Tage ein Delphin gefangen wurde, konnte ich, von würgendem Ekel gepackt, nicht einmal das kleinste Stückchen von dem rohen Fleisch des Fisches verzehren.
Die Nacht zum 11. Juni erschien mir, obgleich ich keinen Hunger und kaum mehr Schmerzen verspürte, unerträglich. Gegen zehn Uhr ging der Mond auf und schien mir voll ins Gesicht. Ich schlief ein wenig, erwachte, versuchte, meine verkrampften Beine auszustrecken, und fiel wieder in unruhigen Schlummer. Zuweilen hörte ich Nelson im Schlaf unverständliche Worte vor sich hin murmeln. Während der frühen

Nachtstunden fand auch der Kapitän ein wenig Schlaf; zwei Stunden nachdem der Mond aufgegangen war, löste er Fryer am Steuer ab. Gegen vier Uhr morgens weckte Bligh Elphinstone und legte sich wieder zur Ruhe nieder.

Ich hatte niemandem etwas von meinen Befürchtungen gesagt, aber seit ein oder zwei Tagen hatte ich Grund zur Annahme, daß Elphinstones Geisteszustand unter den Anstrengungen gelitten habe. Körperlich war er weniger mitgenommen als irgendein anderer Mann in der Barkasse, aber sein leerer Blick, seine mangelnde Anteilnahme an dem, was um ihn herum vorging, und die Art, wie er von Zeit zu Zeit mit sich selbst sprach, waren Anzeichen einer beginnenden geistigen Erkrankung.

Es war Peckovers Wache; wenn ich den Kopf wandte, konnte ich ihn mit einigen anderen im vorderen Teil des Bootes sitzen sehen. Seine Schultern waren gebeugt, und von Zeit zu Zeit nickte er ein, um dann einen heldenhaften Versuch zu machen, sich wach zu halten. Ununterbrochenes leises Stöhnen und Murmeln der auf dem Boden liegenden Männer drang an mein Ohr; traumloser Schlaf war uns seit vielen Tagen versagt geblieben.

In sich zusammengekauert, bewegungslos, saß Elphinstone am Steuer, mit abwesendem Gesichtsausdruck vor sich hin starrend. Ich konnte sehen, wie seine Lippen sich bewegten, aber ich hörte keinen Laut. Dann fiel ich in unruhigen Halbschlaf.

Es war noch Nacht, als ich erwachte, aber die Dämmerung konnte nicht mehr fern sein. Der Maat schien sich kaum gerührt zu haben, seit ich das letztemal einen Blick auf ihn geworfen hatte. Dann bemerkte ich am Stand des Kreuzes des Südens, daß wir unseren Kurs geändert hatten und in südwestlicher Richtung fuhren. Elphinstone beugte sich zu mir nieder.

»Das Land!« flüsterte er erregt. »Dort drüben, gerade vor uns! Geben Sie acht! Wecken Sie Mr. Bligh nicht!«
Mühsam richtete ich mich auf. Vor mir lag nichts als der weite, vom Mond beschienene Ozean.
»Timor«, wisperte Elphinstone triumphierend. »Gott ist mit uns, Mr. Ledward! Sie sehen das Land, nicht wahr? Die Gebirge und die grünen Täler . . . Eine schöne Insel, auf der wir alles finden werden, was wir brauchen!«
Er sprach mit solcher Überzeugung, daß ich nochmals ins Weite blickte, weil ich meinen eigenen Augen zu mißtrauen begann, aber wieder sah ich nichts als Wellen bis zum fernen Horizont.
»Was ist da los, Mr. Elphinstone?« erklang plötzlich Blighs barsche Stimme. »Wer gab Ihnen den Befehl, den Kurs zu ändern?«
»Das Land, Kapitän Bligh! Dort vor uns! Ich steuere darauf zu, seit ich vor einer Stunde das Gebirge sichtete.«
Bligh fuhr herum und starrte aufs Meer hinaus.
»Land?« sagte er, als zweifle er an der Klarheit seiner Stimme. »Wo?«
»Gerade vor uns, Sir. Sehen Sie denn das große Tal dort nicht und den hohen Berg darüber? Diese Insel scheint ebenso schön zu sein wie Tahiti!«
Bligh warf mir einen raschen Blick zu. »Gehen Sie nach vorne, Mr. Elphinstone«, gebot er. »Legen Sie sich hin und versuchen Sie zu schlafen.«
Der Maat sprach kein Wort mehr über das Land, sondern überließ Bligh das Steuer und wankte zu den schlafenden Männern. Sein Gesicht hatte den sanften, leeren Ausdruck eines Schlafwandlers.
»Mr. Peckover!« rief Bligh streng.
»Hier, Sir!« Peckover fuhr aus dem Schlaf.
»Lassen Sie sich nicht mehr dabei erwischen, daß Sie während

Ihrer Wache schlafen! Sie hätten uns alle ins Verderben stürzen können!«
Jetzt regten sich auch die anderen Leute. Bligh gab seine Befehle.
Gleich darauf hatte das Boot seinen Kurs geändert und segelte gegen Westen.
Ich verbrachte diesen Tag – es war der 11. Juni –, indem ich in der Sonne lag und vor mich hin döste. Als ich gegen Sonnenuntergang aus meinem Halbschlummer erwachte, sah ich unzählige Seevögel das Boot umflattern. Tang und frische Kokosnußschalen trieben im Wasser.
Es wurde dunkel, und noch immer wehte der Wind gleichmäßig frisch. Jeder, der es vermochte, hatte sich aufgesetzt und starrte auf das beim Licht der Sterne undeutlich sichtbare, wogende Meer hinaus. Gleich einem lebenden Wesen schien die Barkasse, als spürte sie, daß das Ende ihrer langen Reise nahe war, sich selbst zu übertreffen. Sie raste förmlich in Richtung Westen; so wenig Wasser kam in das Boot, daß es kaum nötig war, zu schöpfen.
Es muß gegen elf Uhr gewesen sein, als der Mond aufging, ein heller Halbmond, der ruhig durch den wolkenlosen Himmel segelte. Stunde um Stunde stieg der Mond höher empor. Und immer weiter raste das Boot gen Westen.
Sogar der alte Lebogue erholte sich um diese Zeit ein wenig. Keiner von uns hatte größere Leiden zu erdulden gehabt, und dennoch hatte er seinen Anteil an der Arbeit auf sich genommen, wenn andere, die nicht schwächer waren als er, hilflos dalagen.
Um Mitternacht hatte sich Bligh ans Steuer gesetzt; gegen drei Uhr morgens war Tinkler auf den hinteren erhöhten Balken des Bootes gestiegen, um Ausschau zu halten. Einige Minuten stand er dort, schwankend infolge der Bewegung des Bootes, die Augen mit den Händen schützend. Dann sprang er hinab.

»Land, Sir!« rief er mit zitternder Stimme.
Bligh winkte Fryer, das Steuer zu übernehmen, und erhob sich.
Im Vorderboot hörte ich ein Gewirr von Stimmen: »Nur eine Wolke! Nein! Nein! Land . . . Berge!«
Dann, als das Boot von einer Woge hoch emporgetragen wurde, sahen wir die schattenhaften Umrisse des Landes, das vor uns lag: eine große Insel, noch viele Meilen weit entfernt.
Der Kapitän hielt lange und ernst Ausschau, ehe er sprach.
»Timor, Jungens!« sagte er.

11

Noch immer gab es einige unter uns, die nicht glauben konnten, daß das Ziel unserer Fahrt wirklich in Sicht war. Trotz aller ruhigen Zuversicht des Kapitäns wagten sie es nicht zu glauben. Der Morgen wird kommen, dachten sie, und die dämmrigen Umrisse werden zerrinnen, zu fernen Wolken werden.
Endlich lag die Insel im klaren Licht des frühen Morgens vor uns: Wie das Paradies selbst erschien sie uns mit den Silhouetten der gen Himmel ragenden Berge. Vorgebirge um Vorgebirge glänzte unter den Strahlen der Sonne auf. Wir erblickten weite Täler, erfüllt von purpurnen Schatten, und hoch über der Küste wurden Wälder sichtbar, unterbrochen von Lichtungen und Wiesen.
Unsere Freude und Dankbarkeit waren unbeschreiblich. Bligh war, glaube ich, so nahe daran, zu weinen wie nur je in seinem Leben, aber er beherrschte sich. Andere ließen ihrer Bewegung freien Lauf; helle Tränen rannen ihnen über die Wangen; wir waren ja auch so schwach, daß uns die Tränen leicht kamen. Nur der arme Elphinstone war von der Seligkeit dieses

nie zu vergessenden Augenblicks ausgeschlossen. Sosehr wir uns auch bemühten, ihn davon zu überzeugen, daß das Land ganz nahe vor uns lag, so blickte er doch nur mit einem Ausdruck erstaunter Hoffnungslosigkeit vor sich hin.

Kurz nach Sonnenaufgang waren wir nur noch zwei Meilen von der Küste entfernt. Ein grüneres und schöneres Land hat wohl noch nie das Auge seemüder Schiffer erfreut; keiner war unter uns, der sich nicht danach gesehnt hätte, sogleich an Land zu gehen. Das Ufer war flach, und an den darüberhängenden höheren Stellen sahen wir bebaute Flächen. Nahe einer der Pflanzungen waren mehrere Hütten, aber kein menschliches Wesen war zu sehen. Purcell und der Schiffer schlugen Mr. Bligh vor, zu landen, um Auskunft über die Lage der holländischen Niederlassungen einzuholen.

»Ich verstehe Ihre Ungeduld«, erwiderte Bligh, »aber wir wollen keine unnötigen Wagnisse eingehen. Timor dürfte eine Ausdehnung von wenigstens hundert Meilen haben. Ich bin keineswegs sicher, daß die Holländer eine ständige Niederlassung hier haben. Aber selbst dann haben sie vielleicht nur einen kleinen Teil der Insel unterworfen. Wie die übrigen Eingeborenen auf Weiße reagieren, wissen wir nicht, und daher ist das Risiko einer Landung zu groß.«

Wir fuhren ins südwestlicher Richtung weiter, nahe genug an der Küste, um keine Bucht zu übersehen, aber während des ganzen Vormittags wurden weder ein Golf noch eine geeignete Landungsstelle sichtbar. Die heftige Brandung hätte eine Landung so gut wie unmöglich gemacht. Wir kamen zu immer neuen Vorgebirgen, die uns die Sicht auf das, was hinter ihnen lag, verbargen, und jedesmal, wenn wir eines von ihnen umschifft hatten, gab es die Aussicht auf ein weiteres Kap frei.

Bei Sonnenuntergang warfen wir in seichtem Wasser Anker, denn wir wagten es nicht, unsere Fahrt während der Nacht fortzusetzen, aus Angst, an der holländischen Niederlassung vorbeizufahren, ohne sie zu sehen.

Als es Tag wurde und wir längs der Küste keine Spur von Bewohnern sahen, fuhren wir in westlicher Richtung weiter. Wir hatten gegen starke Strömung zu kämpfen und waren aufs neue zu der ermüdenden Arbeit des Schöpfens genötigt. Daran beteiligten sich hauptsächlich Fryer, Cole, Peckover und zwei der Kadetten, Tinkler und Hayward; andere versuchten zu helfen, soweit ihre schwachen Kräfte es erlaubten.

Später am Tage hörte ich auf, mir dessen bewußt zu sein, was um mich her vorging. Die Sonne war sehr heiß gewesen, und wir hatten keinen Schutz vor ihren Strahlen. Es mag sein, daß ich einen leichten Hitzschlag erlitt, der, zusammen mit den erlittenen Entbehrungen, zuviel für mich war. Jedenfalls fiel ich in eine Art Betäubung, während der ich nichts anderes empfand als ein unbestimmtes Gefühl des Elends. Hier und da hörte ich von fern her dumpfes Gemurmel, einmal hatte ich einen entsetzlichen Traum, in dem ich zu ertrinken glaubte. Dann folgte eine Zeit vollkommener Bewußtlosigkeit, während der ich nichts anderes war als eine regungslose Masse von Haut und Knochen.

Meine nächste Erinnerung ist, daß jemand wiederholt meinen Namen rief. Sosehr ich es auch versuchte, ich konnte mich nicht aufraffen, um zu antworten. Ich hörte Blighs Stimme: »Geben Sie ihm alles, Mr. Nelson. Er wird schon zu sich kommen.«

Und ich kam zu mir. Ich spüre noch heute die Kraft und das Feuer des Rums, der durch meine Gurgel floß, mein Hirn klar machte und mir ein köstliches Gefühl des Wohlbefindens gab. Noch viel köstlicher aber war der Klang von Nelsons Worten: »Ledward! Ledward! Wir sind am Ziel, alter Junge!«

Man hat mich auf eine Bank achtern gesetzt. Nelson kniete neben mir, während Cole mich stützte. Ich empfand ein Gefühl

der Beschämung darüber, daß ich, der Arzt der »Bounty«, mich in solch einem hilflosen Zustande befand, eine Last für andere statt einer Hilfe.
»Was ist los, Nelson?« stammelte ich. »Verflucht! Habe ich geschlafen?«
»Sprechen Sie nicht, Ledward«, antwortete er. »Blicken Sie lieber dort hinüber! Drehen Sie ihn ein bißchen um, Mr. Cole!«
Der Bootsmann hob mich vorsichtig empor. Vor mir sah ich eine weite Bucht, so ruhig, daß das zitternde Spiegelbild des Mondes auf der Wasserfläche ruhte. Kaum eine Meile entfernt lagen zwei europäische Schiffe vor Anker, und hinter ihnen erhob sich auf einem hohen Küstenvorsprung ein Fort, dessen Mauern in dem milden Licht schwach aufglänzten.
Es war etwa drei Uhr morgens. Näher und näher kamen wir der kleinen schlafenden Stadt. In der Nähe der beiden Schiffe sahen wir eine freie Stelle am Strand, die offenbar als Anlegeplatz für Boote diente. Langsam glitten wir in seichteres Wasser.
»Platz genug«, sagte Bligh, und dann: »Werft den Anker aus!«
Die Ruder wurden eingezogen; es klatschte leise, als der Anker über die Bootswand hinabglitt. Unsere Reise war zu Ende.
Nur acht von uns waren kräftig genug, um aufrecht auf den Bänken zu sitzen; die anderen kauerten oder lagen auf dem Boden des Bootes. Wir lagen nur fünfundzwanzig Meter vom Strand entfernt. Am Ufer war alles still. Nicht einmal ein Lichtschein war in der ganzen Niederlassung zu sehen. Kapitän Bligh rief das Fort wiederholt an, aber vergeblich. Auch Purcell und der Bootsmann hatten nicht mehr Glück.
»Bei Gott«, sagte Bligh, »wenn wir mit den Holländern Krieg führten, so schwöre ich, daß wir den Platz einnehmen könnten, schwach wie wir sind, mit nichts anderem als vier

rostigen Säbeln. Nicht einmal eine Wache haben sie auf den Wällen.«
»Endlich haben wir jemanden aufgeweckt«, rief Nelson. »Sehen Sie nur dort!«
Ein seltsam aussehender Mann tauchte aus dem Schatten der Bäume auf. Er war nur in Hemd und Hose gekleidet und hatte eine weiße Nachtmütze auf dem Kopf. Er war ungemein dick und watschelte mehr, als er ging.
»Können Sie Englisch sprechen?« rief Bligh ihm zu.
Er kam näher, wie um uns besser zu sehen, antwortete aber nicht.
»Heda, Sie! Verstehen Sie Englisch?«
Ob aus Staunen, Furcht oder beidem, weiß ich nicht, jedenfalls machte der dicke Mann kehrt und watschelte auf seinen kurzen Beinen mit überraschender Geschwindigkeit davon.
»Ahoi! Laufen Sie nicht weg! Warten Sie!« brüllte ihm Bligh nach.
Der Mann wandte sich um, rief mit mächtiger Stimme etwas, was wir nicht verstanden, und verschwand.
»War das Holländisch, Nelson?« fragte Bligh.
»Zweifellos, aber mehr kann ich nicht sagen. Jedenfalls dürfte es uns hier nicht schlecht ergehen.«
Bligh lachte. »Wenn der Kerl ein durchschnittliches Exemplar der hiesigen Bevölkerung ist, bestimmt nicht!«
Nach kurzer Zeit kam der Holländer mit einem anderen Mann zurück, der Seemannskleidung trug.
»Ahoi! Was ist das für ein Boot?« rief der Matrose.
»Sind Sie ein Engländer?« fragte Bligh zurück.
»Jawohl, Sir.«
»Ist ein englisches Schiff hier?«
»Nein, Sir, ich bin Quartiermeistersmaat auf dem holländischen Schiff dort drüben. Kapitän Spikerman.«
»Sagen Sie Kapitän Spikerman, daß Kapitän Bligh, von dem

englischen bewaffneten Transportschiff ›Bounty‹, ihn so rasch wie möglich zu sprechen wünscht. Haben Sie verstanden?«

»Zu Befehl, Sir!«

»Fürchten Sie sich nicht, ihn zu wecken. Er wird Ihnen dankbar sein.«

»Jawohl, Sir. Er schläft an Land. Ich gehe gleich.«

Es dämmerte bereits, als wir den Kapitän mit zweien seiner Offiziere heraneilen sahen. Kapitän Bligh stand im hinteren Teil der Barkasse. Seine Kleidung bestand aus Fetzen, die seinen furchtbar abgemagerten Körper nur zum Teil bedeckten; sein hageres, knochiges Gesicht war mit einem viele Wochen alten Bart bedeckt, aber er hielt sich so stramm, als stünde er auf dem Kommandodeck der »Bounty«.

»Kapitän Spikerman?« fragte er.

Einige Sekunden lang starrte die kleine Gruppe am Strand uns schweigend an. Kapitän Spikerman trat vor.

»Zu Ihren Diensten, Sir«, entgegnete er.

»Kapitän Bligh. Wir benötigen Beistand, Sir. Ich wäre Ihnen überaus dankbar, wenn Sie uns die Landungserlaubnis verschaffen würden.«

»Sie können sofort an Land kommen, Kapitän Bligh. Ich stehe für die Bewilligung des Gouverneurs ein.«

»Herauf mit dem Anker, Mr. Cole! Zwei Mann an die Ruder!«

Und nun legte das Boot die letzten 25 Meter einer Fahrt von über 3600 Meilen zurück.

Kapitän Spikerman und seine Offiziere sprangen ins seichte Wasser, um das Boot an Land zu ziehen.

»Gott im Himmel, Kapitän Bligh! Was ist das? Von wo kommen Sie?« rief Kapitän Spikerman aus.

»Das werden Sie alles bald erfahren, Sir«, sagte Bligh, »aber zuerst muß ich für meine Leute sorgen. Einige von ihnen sind dem Hungertod nahe. Gibt es einen Platz in der Stadt, wo sie Pflege erhalten können?«

»Sie können sie sofort in mein Haus bringen lassen, Sir.« Spikerman gab einem seiner Offiziere einen Befehl in holländischer Sprache; der junge Mann eilte davon.
Inzwischen hatte sich eine Gruppe von Stadtbewohnern um uns versammelt, die sich von Sekunde zu Sekunde vergrößerte. Sie gehörten den verschiedensten Völkern an: Holländer, Malaien, Chinesen starrten uns mit einem Gemisch von Schrecken und Mitleid an. Inzwischen hatten jene, die gehen konnten, das Boot verlassen, aber über die Hälfte von uns mußte an Land getragen werden.
Bald darauf kehrte Spikermans Leutnant mit Sänften und malaiischen Trägern zurück. Man trug uns in die Stadt, während Mr. Bligh und die kräftigeren Leute der Mannschaft zu Fuß folgten. Ich habe nur eine schattenhafte Erinnerung an den Weg, der uns an Kaufläden und Lagerschuppen vorbei zu dem erhöht gelegenen hübschen Haus des Kapitäns führte, der, wie seine Offiziere, die Güte und Hilfsbereitschaft selbst war.
An diesem Tag hatte ich den süßesten Schlaf, den ich je in meinem Leben genossen habe. Die kühlende Salbe, mit der man meine Wunden versehen hatte, das weiche Bett, das alles lullte mich bald in Schlummer. Gegen Abend wurde ich geweckt und erhielt ein wenig Suppe und Brot, aber gleich darauf schlief ich wieder ein und erwachte erst am nächsten Vormittag um zehn Uhr.
Nach viertägiger Ruhe hatten wir uns wunderbar erholt, und mit Ausnahme von Lebogue konnten wir alle aufstehen und ein wenig im Garten spazierengehen. Die Fürsorge, die Kapitän Spikerman uns angedeihen ließ, war unendlich, und niemals werden wir ihm für alles, was er für uns tat, gebührend danken können, aber wir wünschten natürlich nicht, ihm länger zur Last zu fallen als notwendig.
Daher übersiedelten wir am fünften Tage unseres Aufenthaltes in Coupang – so hieß die holländische Niederlassung auf

Timor – in ein neues Quartier, das dank des Entgegenkommens der holländischen Behörden aufs bequemste für uns eingerichtet wurde.
Herr van Este, der Gouverneur, sprach den Wunsch aus, Kapitän Bligh und einige seiner Offiziere kennenzulernen. Als wir – Bligh, Nelson und ich – ihn in Begleitung von Kapitän Spikerman besuchten, fanden wir den Gouverneur im Bette sitzend, von einer Krankheit so geschwächt, daß er dem Tode nahe zu sein schien und auch in der Tat war. Seine Stimme war äußerst schwach, aber seine Augen drückten höchste Anteilnahme an unserem Schicksal aus. Kapitän Spikerman betätigte sich als Dolmetscher. Herr van Este kannte die Lage von Tofoa und den Freundschaftsinseln nicht und wußte wohl auch kaum von ihrer Existenz. Als man ihm berichtet hatte, daß wir in einem offenen Boot eine Reise von 3600 Meilen gemacht hatten, hob er seine magere, weiße Hand und sprach nur ein einziges Wort. Kapitän Spikerman wandte sich an Bligh.
»Herr van Este sagt ›unmöglich‹, Kapitän Bligh. Natürlich ist das nur eine Redewendung, mit der er sein Erstaunen zum Ausdruck bringen will. Er zweifelt nicht an Ihren Worten.«
Bligh lächelte kaum merkbar. »Bitte sagen Sie dem Gouverneur, daß er recht hat; es *war* unmöglich; dennoch brachten wir es zustande.« Sodann ließ er durch Spikerman dem Gouverneur den Ausdruck unserer Dankbarkeit für die gütige und gastfreundliche Aufnahme übermitteln, und wir verabschiedeten uns.
Von den folgenden Tagen ist nur wenig zu berichten. Wir erholten uns alle von den Strapazen der langen Seereise, kurierten unsere Verletzungen und Krankheiten aus und gelangten langsam, unterstützt durch die Fürsorglichkeit der Holländer, wieder in den Vollbesitz unserer Kräfte. Durch die Hilfsbereitschaft des Gouverneurs, der uns, die wir ja völlig

mittellos waren, das Geld vorstreckte, gelang es, einen kleinen Schoner zu kaufen, der uns nach Batavia bringen sollte. Anfang Juli bekam Nelson eine Lungenentzündung, die ihn zwang, das Bett zu hüten. Trotz der sorgfältigen Pflege, die ich ihm zuteil werden ließ, hielt sein geschwächter Organismus die Krankheit nicht aus, und am 20. Juli verschied er. Ich brauche nicht zu sagen, wie schmerzlich wir alle diesen Verlust empfanden. Was mich betraf, so waren wir vom ersten Tag an Freunde gewesen, und ich hatte gehofft, mich dieser Freundschaft noch viele Jahre lang erfreuen zu dürfen. Wir begruben ihn am folgenden Tag. Zwölf Soldaten, schwarz gekleidet, trugen den Sarg. Außer den Leuten von der »Bounty« nahmen auch alle Persönlichkeiten der Stadt und die Offiziere der im Hafen liegenden Schiffe an dem Begräbnis teil. Kapitän Bligh hielt die Leichenrede und hatte Mühe, seiner Rührung Herr zu werden.

Der Schoner, ein gutes Schiff, wurde von Mr. Bligh »Recource« genannt, und da die Meere um Java von Piratenschiffen wimmelten, bewaffnete er das Fahrzeug mit vier kleinen Geschützen und zwölf Gewehren.

Am 20. August schifften wir uns ein. Am Nachmittag gaben wir ein kleines Abschiedsfest für unsere so überaus liebenswürdigen holländischen Gastgeber. Schließlich kehrten die letzten Gäste ans Ufer zurück.

Der Strand war voll Menschen, die mit Hüten und Schnupftüchern winkten, und als wir die Segel lichteten, zitterte der Abschiedssalut des Forts in der Luft. Unsere Geschütze erwiderten kräftig die holländischen Grüße. Die Barkasse der »Bounty« hatten wir ins Schlepptau genommen. Tinkler saß an ihrem Steuer, stolz über diese ehrenvolle Aufgabe. Peckover und ich standen an der Reling und blickten schweigend auf das tapfere Boot nieder. Wir liebten es, jeder einzelne von uns, als wäre es ein lebendes Wesen.

Dann wandte sich Peckover zu mir. »Wie brav sie uns folgt«, sagte er. »Sie scheint gerne mit uns zu kommen. Ich glaube, auch wenn sie nicht festgemacht wäre, würde sie Kapitän Bligh folgen.«
»Bei Gott, Peckover«, rief ich, »ich glaube, das würde sie!«

Am 1. Oktober warfen wir in Batavia Anker. Kapitän Bligh ging an Land und erhielt für uns die Erlaubnis, in einem Gasthof zu wohnen, dem einzigen in der Stadt, in dem Ausländer absteigen durften.
Das Klima von Batavia ist eines der ungesündesten der Welt. Immer noch geschwächt durch unsere Entbehrungen, wurden einige von uns sogleich vom Fieber ergriffen, das Lenkletter, Elphinstone und Hall später das Leben kosten sollte. Der Gasthof, in dem ich mit den anderen Offizieren wohnte, war, obgleich er in einem verhältnismäßig gesunden Viertel der Stadt gelegen war, so unerträglich heiß, daß selbst ein Mann mit voller Gesundheit es kaum hätte ertragen können.
Eines Morgens wurde Mr. Bligh von einem Fieber befallen, das mich das Schlimmste befürchten ließ. Ich konnte ihn nicht behandeln, da ich selber mit Fieber und einem Beingeschwür niederlag. Dem tüchtigen Arzt des Stadthospitals gelang es, Blighs Zustand soweit zu bessern, daß er bereits am nächsten Tag wieder seinen wichtigen Aufgaben nachgehen konnte.
Einige Tage später besuchte mich dieser Kollege, um sich mit mir über die medizinischen Probleme unserer langen Fahrt zu unterhalten. Plötzlich sagte er: »Ich mache mir Sorgen um Mr. Bligh; er wird das Klima hier nicht vertragen, und wenn er ihm noch längere Zeit ausgesetzt ist . . . Daher habe ich mit dem Gouverneur gesprochen. Kapitän Bligh wird Erlaubnis erhalten, mit zweien seiner Leute das Paketboot zu benützen, das am Sechzehnten abgeht.«
Wenige Minuten später führte ein malaiischer Diener Bligh

herein. Er sagte: »Ledward, ich mußte mich von der Barkasse trennen!«
»Sie haben sie verkauft, Sir?«
»Ja, und den Schoner auch, aber der bedeutete mir wenig. Für die Barkasse aber hätte ich, obgleich ich ein armer Mann bin, gerne fünfhundert Pfund gegeben, wenn ich sie hätte mit in die Heimat nehmen können!«
»War das unmöglich?«
»Es ist kein Platz für sie vorhanden – leider!«
Mein Kollege vom Stadthospital nickte. »In der Oktoberflotte sind nie genug Schiffe vorhanden. Nur durch den Einfluß des Gouverneurs konnte ich Ihnen und Ihren Leuten die Fahrt sichern.«
»Ich hatte gehofft, die Barkasse mitnehmen zu können«, sagte Bligh im Tone tiefen Bedauerns. »Sie hätte ihren Platz im Museum der Admiralität gefunden. Ein besseres Boot wurde niemals gebaut!«
Am Morgen des 16. Oktober wurde ich lange vor Sonnenaufgang durch Geräusche in Blighs Zimmer, das neben dem meinen lag, geweckt. Bald darauf klopfte der Kapitän an meine Tür und betrat im grauen Morgenlicht den Raum.
»Wach, Ledward?« fragte er. Ich versuchte mich zu erheben, aber er gab mir ein Zeichen, daß ich liegenbleiben solle. »Ich bin gekommen, um mich von Ihnen zu verabschieden.«
»Erlauben Sie mir, Ihnen von ganzem Herzen gute Reise zu wünschen, Sir.«
Im gleichen Augenblick tönte es aus dem Garten herauf: »Ihr Boot wartet, Kapitän Bligh.«
Bligh nahm meine Hand und drückte sie warm. »Leben Sie wohl, Ledward. Ich wünsche Ihnen baldige Genesung. Und wenn Sie nach London kommen, unterlassen Sie es nicht, meine Frau zu besuchen.«
»Ich hoffe, auch Sie dort zu treffen, Sir.«

Er schüttelte den Kopf. »Das ist unwahrscheinlich. Wenn es nach meinem Willen geht, werde ich nach Tahiti reisen, um von dort aus auf die Suche nach den Meuterern zu gehen, ehe Sie England erreichen.«

Meer ohne Grenzen
Zweites Buch

FLETCHER CHRISTIAN, der Anführer der Meuterer von der »Bounty«, gründet mit denen, die ihm folgten, eine neue Gemeinschaft auf der Insel Pitcairn.

DIE LEUTE VON PITCAIRN

Engländer:	*Ihre Frauen:*
Fletcher Christian	Maimiti
Edward Young	Taurua
John Mills	Prudence
William Brown	Jenny
Matthew Quintal	Sarah
William McCoy	Mary
Alexander Smith	Balhadi
John Williams	Fasto (später Hutia)
Isaac Martin	Susannah

Polynesier:	*Ihre Frauen:*
Minarii	Moetua
Tetahiti	Nanai
Tararu	Hutia
Te Moa	
Nihau	
Hu	

1

Die »Bounty« war ein kleines Schiff von etwa zweihundert Tonnen, ausgezeichnet aufgetakelt und aus englischem Eichenholz gezimmert. Ihre Segel waren geflickt, von Wind und Wetter mitgenommen. Nur neun der Meuterer waren noch an Bord, darunter Fletcher Christian, ihr Anführer, und der Kadett Edward Young. Mit den sechs Polynesiern und den zwölf Frauen, die von ihnen überredet worden waren, sie zu begleiten, suchten sie einen dauernden Zufluchtsort: eine Insel, so unbekannt, so entlegen, daß selbst der lange Arm der britischen Admiralität sie niemals erreichen könnte.

Es war ein Tag Ende Dezember des Jahres 1789, als Christian die Treppe herauf an Deck kam. Er war frisch rasiert und trug einen einfachen blauen Rock. Die Tropensonne hatte sein Gesicht noch brauner gebrannt als das der Eingeborenen-Frauen. Seine glänzenden, tiefliegenden Augen waren auf Edward Young, den Zweitkommandierenden gerichtet, der auf dem Quarterdeck stand. Young lächelte ein wenig bitter. »Ich beginne allmählich an dem Vorhandensein dieser Insel Pitcairn zu zweifeln. Ich glaube, der gute Carteret hat geträumt, als er behauptete, sie entdeckt zu haben. Wann war das eigentlich?«

»Im Jahre 1767«, antwortete Christian. »Er sichtete die Insel aus einer Entfernung von fünfzehn Meilen und beschrieb sie als einen großen Felsen von nicht mehr als fünf Meilen Umfang. Sie ist dicht bewaldet, sagt er in seinem Reisebericht.«

»Landete er dort?«

»Nein, die Brandung war zu stark. Nach meinen Berechnungen muß die Insel hier in der Nähe sein. Ich habe vor, sie so

lange zu suchen, bis ich sie finde.« Er schwieg einen Augenblick und fuhr dann fort: »Beklagen sich die Leute?«
»Einige von ihnen fangen an, unruhig zu werden.«
Christians Gesicht verdüsterte sich. »Laß sie nur murren. Sie werden dennoch tun, was ich befehle.«
Eine hochgewachsene junge Frau näherte sich ihm mit leichten Schritten und legte eine Hand auf seine Schulter. Maimiti war um jene Zeit nicht älter als achtzehn Jahre. Sie hatte Tahiti, ihre Heimat, ihr Heim und ihre Familie verlassen, um das ungewisse Geschick des Mannes, den sie liebte, zu teilen. Als sie Christians Schulter berührte, hellte sich seine Miene auf.
»Werden wir heute das Land finden?« fragte sie.
»Ich hoffe es; es kann nicht weit von hier sein.«
Auf dem Vorderdeck saßen in einem verborgenen Winkel zwei Männer, in ein ernstes Gespräch vertieft. McCoy war ein dünner, knochiger Mensch mit dichtem rötlichem Haar und einem langen Hals, aus dem der Adamsapfel hervortrat. Sein Gesprächspartner war der Amerikaner Isaac Martin, ein dunkelhaariger, grobschlächtig aussehender Mann von etwa dreißig Jahren.
»Wir haben ihm jetzt genug Zeit gegeben, Will«, sagte er mit saurem Gesicht. »Wenn du mich fragst, so gibt es diese verdammte Insel gar nicht. Und wenn es sie doch gibt, dann nicht hier in der Gegend.«
»Du hast recht, wir fahren völlig ins Blaue hinein.«
»Na, dann sollten wir es ihm endlich einmal sagen, daß wir keine Lust mehr haben, immer im Kreis herumzusegeln! Mills und Quintal sind auch der Ansicht. Brown wird tun, was wir ihm sagen. Alex freilich können wir nicht zu uns herüberziehen; Christian ist für ihn der liebe Gott! Jack wird genug haben, nehme ich an, genauso wie wir. Da wären wir sechs gegen drei. Wie heißt doch die Insel im Westen, die wir gesichtet haben?«

»Rarotonga nannten die Indios sie.«
»Stimmt, die meine ich! Wenn wir diese Insel Pitcairn wirklich finden sollten, so ist sie sicher nichts anderes als ein langweiliger Felsen ohne Frauen, außer denen, die wir mitbringen. Zwölf Weiber für fünfzehn Männer! Wahrhaftig, wir müssen Christian zwingen, uns nach Rarotonga zu bringen!«
»Zwingen! Bei Gott, du traust dich zu reden, wenn niemand zuhört.«
Martin hielt plötzlich inne, als er Smith herankommen sah. Smith war ein kräftiger Bursche, nicht viel über zwanzig, kaum mittelgroß; er hatte ein leicht blatternarbiges Gesicht. Martin warf ihm einen schiefen Blick zu. »Wir sprachen gerade davon«, brummte er, »daß wir allmählich genug davon haben, noch länger kreuz und quer herumzufahren. Wenn du dich auf unsere Seite stellen würdest, so könnten wir Christian zwingen, endlich einmal Schluß damit zu machen.«
»Eines mußt du zugeben, Alex«, meinte McCoy. »Jetzt sind wir schon drei Monate von Tahiti weg, und heute werden es drei Wochen, daß wir diese Insel Pitcairn suchen! Woher weiß er, daß es sie gibt?«
»Die Pest über dich! Glaubst du, Mr. Christian sei so dumm, einen Ort zu suchen, den es nicht gibt? Ich wette, daß er die Insel finden wird, ehe eine Woche vergangen ist.«
»Und wenn nicht, was dann?« warf Martin ein.
»Frag ihn nur selber, Isaac. Du kannst damit rechnen, daß er dir die richtige Antwort geben wird.«
Das Gespräch wurde durch einen Ruf des Mannes unterbrochen, der auf den Kreuzhölzern der Vorbramstange stand, um Ausschau zu halten.
»Was siehst du?« brüllte Smith hinauf.
»Vögel. Eine ganze Menge, gerade vor uns.«
Smith löste den Mann auf den Kreuzhölzern ab, und kurz darauf tönte sein Ruf über das Deck: »Land ahoi!«

Eilig kletterte Christian zu Smith hinauf und stellte fest, daß der Horizont unmittelbar vor ihnen von einem dunklen, unendlich kleinen Dreieck unterbrochen wurde.
Mit einem Arm den Mast umklammernd, blickte Christian lange durch das Fernrohr.
»Bei Gott, Smith«, rief er, »du hast ein Paar Augen!«
Der junge Seemann lächelte. »Ob es wohl Pitcairn ist, Sir?«
»Ich glaube es«, antwortete Christian.
Während die Insel allmählich höher und höher vor dem Schiff emporstieg, saß Fletcher Christian in seiner Kajüte im Unterdeck. Bei ihm waren zwei der Polynesier, die er zu sich gerufen hatte.
»Minarii, Tetahiti«, begann er, »ich habe euch eine Mitteilung zu machen. Bisher habe ich es nicht für richtig gehalten, euch die ganze Wahrheit zu sagen. Viel Gerede an Bord eines Schiffes tut nicht gut. Ihr versteht?«
Sie nickten und warteten darauf, daß er fortfahre.
»Bligh log, als er den Leuten von Tahiti erzählte, er sei Kapitän Cooks Sohn. Er war kein Häuptling in seinem Heimatland, auch hatte er nicht die Würde und Gerechtigkeitsliebe eines Gebieters. Als er es zu etwas Macht gebracht hatte, wurde er hochmütig und grausam. Sein Verhalten allen gegenüber wurde unerträglich. Er pflegte seine Untergebenen hungern zu lassen und seine Offiziere in Gegenwart der Mannschaft zu beschimpfen.«
Minarii lächelte grimmig. »Ich verstehe«, sagte er. »Du hast ihn getötet und dich des Schiffes bemächtigt.«
»Nein. Ich hatte eigentlich den Plan gefaßt, das Schiff in meine Gewalt zu bekommen, ihn in Ketten zu legen und in der Heimat von unserem König bestrafen zu lassen. Aber die Leute hatten zu sehr unter seiner Tyrannei gelitten. Sechzehn Monate lang hatte er sie behandelt, wie keiner von euch seinen Hund behandeln würde, und sie dachten nur an Vergeltung.

Um Blighs Leben zu retten, setzte ich ihn in dem großen Boote aus, zusammen mit einigen Männern, die zu ihm hielten. Wir gaben ihnen Lebensmittel und Wasser, und zumindest seinen Begleitern wünsche ich, daß sie England erreichen. Durch diese Tat aber haben wir gegen unsere Gesetze verstoßen, und wenn unser König davon erfährt, wird er ein Schiff aussenden und dieses Meer nach uns durchsuchen lassen. Ihr und die anderen wußtet bereits, daß wir Ausschau nach einer einsamen und wenig bekannten Insel hielten, um uns dort niederzulassen; jetzt kennt ihr den Grund. Wir haben die Insel gefunden. Minarii, bist du damit einverstanden, hier zu bleiben? Wenn der Ort geeignet ist, fahren wir nicht weiter.«

Der Häuptling neigte leicht das Haupt. »Ich stimme dir zu«, sagte er. »Und du, Tetahiti?«

»Wohin du mich führst, folge ich dir«, antwortete dieser.

2

Als der nächste Morgen heraufdämmerte, standen Christian und Young auf dem Kommandodeck. Mit seinem Fernrohr suchte Christian sorgfältig die Küste ab. Dann wandte er sich an seinen Gefährten. »Ich werde den größten Teil des Tages an Land verbringen«, sagte er. »Während dieser Zeit übertrage ich dir das Kommando über das Schiff. Sorge bitte dafür, daß eines der Eingeborenenkanus ins Wasser gelassen wird.«

Einige Minuten später war Christian bereits im Boot, begleitet von Minarii, Alexander Smith, Brown, dem Gärtner, und zwei der Frauen, Maimiti und Moetua. Rasch näherte sich das Fahrzeug, an dessen Steuer Minarii saß, dem Ufer. Die Bucht, der sie entgegenfuhren, war mit riesigen, aus dem Meer emporragenden Klippen übersät, gegen die die Brandung mit großer Heftigkeit anstürmte. Rechts und links fiel das die Bucht umgebende Ufer jäh zum Meer ab, aber in der Mitte befand sich ein schmaler, sanft geneigter Strand, die einzige Stelle, an der ein Boot ohne Gefahr landen konnte. Mit großer Geschicklichkeit lenkte Minarii das Kanu dieser Stelle zu. Sie warteten, bis die Wogen sich gebrochen hatten, dann benutzten sie eine günstige Gelegenheit, ließen sich von einer großen Welle tragen, und einen Augenblick später stieß das Boot auf Grund.

Unmittelbar vor sich sahen sie einen steilen, dichtbewaldeten Abhang. Kasuarinabäume, zum Teil von gewaltiger Größe, wuchsen dort inmitten von schlanken emporstrebenden Kokospalmen und vielen Arten von Farnen. Einen Augenblick lang blickte sich die kleine Schar schweigend um. Dann sagte Christian: »Wir werden mehr als genug Arbeit haben, um dieses Land für unsere Pflanzungen urbar zu machen.«

»Das macht überhaupt nichts«, rief Smith beinahe begeistert. »Es tut mir richtig gut, wieder einmal Land zu riechen. Brown und ich, wir sind zwei, die sich mächtig freuen würden, wenn Sie diese Absicht haben, Mr. Christian. Was, Will?«

Der Gärtner nickte. »Werden wir uns hier ansiedeln, Sir?« fragte er. »Glauben Sie, daß dies die Insel Pitcairn ist?«

»Ich bin überzeugt davon«, antwortete Christian. »Sie liegt weit entfernt von der Stelle, an der Kapitän Carteret sie in seine Karte eingezeichnet hat, aber es muß die Insel sein, die er gesichtet hat. Ob wir hierbleiben, müssen wir erst sehen.«

»Wir wollen weitergehen«, sagte Christian nach einer Weile, »ich bin begierig zu sehen, was jenseits des Berghanges liegt.«

Geführt von Minarii, klommen sie die steile Anhöhe hinauf; bald waren die Eingeborenen, Smith mitten unter ihnen, weit voraus. Christian und Brown folgten ihnen gemächlicher; hier und da blieben sie stehen, um die Bäume und Pflanzen zu untersuchen. Der Anstieg war recht mühsam, und an manchen Stellen war es nötig, sich an den Wurzeln der Bäume und Sträucher emporzuziehen. Nachdem sie zweihundert Fuß gestiegen waren, wurde der Abhang sanfter. Hier wurden sie von den anderen erwartet.

Vor ihnen erstreckte sich dichtbewaldetes Land, das ihnen verglichen mit dem steilen Weg, den sie soeben zurückgelegt hatten, beinahe eben erschien. Tief unter ihnen leuchtete das Meer in tiefstem Blau unter dem wolkenlosen Himmel. In südlicher Richtung stieg das Land auf weite Strecken allmählich an, doch dort, wo es sich der Bergspitze näherte, die die Aussicht begrenzte, wurde es wieder steiler. Im Nordwesten wurde eine zweite Bergkette sichtbar, rechts und links von Gipfeln begrenzt, die bis zur Spitze übergrünt waren. Die gegen Norden gelegene Spitze stürzte jedoch auf der Meerseite in einer nackte Felswand ab.

Als sie ein kleines Stück weitergegangen waren, senkte sich die Hochfläche zu einem kleinen Tal, das von so riesigen Bäumen beschattet war, daß kaum ein einziger Sonnenstrahl hindurchdrang. Hier fanden sie einen Bach, dessen Wasser klar und frisch war, und sie machten halt, um sich ein wenig zu erfrischen. Dann teilte sich die Expedition.

»Minarii, halte dich mit Moetua links und besteige die Hauptkette dort drüben«, sagte Christian. »Smith und Brown, ihr wandert nach Westen; wir müssen wissen, was jenseits der Anhöhe liegt. Ich will längs des Nordrandes der Insel weitergehen. Pitcairn ist so klein, daß wir uns kaum verirren können.« Christian machte sich, begleitet von Maimiti, auf den Weg und achtete sorgfältig darauf, das Meer nicht aus den Augen zu verlieren. Plötzlich blieb Maimiti stehen.

»Es sind schon vor uns Menschen hier gewesen«, sagte sie.

»Hier? Unsinn, Maimiti! Wie kommst du auf diesen Gedanken?«

»Ich fühle es«, antwortete sie. »Es muß vor langer Zeit gewesen sein, aber es gab einmal einen Weg, wo wir jetzt gehen.«
Christian lächelte ungläubig. »Ich kann es nicht glauben«, sagte er.
»Weil du nicht von unserem Stamm bist«, entgegnete Maimiti. »Ich aber spürte es schon, als wir vom Landungsplatz heraufstiegen. Nun bin ich sicher. Menschen meines Blutes haben einstmals hier gelebt.«
»Und wohin sind sie gegangen?«
»Wer weiß es? Vielleicht ist es kein glücklicher Ort.«
»Nicht glücklich? Eine so schöne und reiche Insel?«
»Die Bewohner mögen altes Unglück mit sich gebracht haben. Selten trägt das Land die Schuld; meist sind es die Menschen.«
»Du kannst nicht recht haben«, sagte Christian nach einem Augenblick des Schweigens. »Was sollte diese Menschen aus einem anderen Land so weit, bis hierher geführt haben?«
»Nicht nur ihr weißen Leute mit euren großen Schiffen macht weite Reisen«, antwortete sie. »Es gibt kein Land in diesem ganzen großen Meer, das Menschen meines Blutes nicht vor euch entdeckt hätten. Selbst hierher sind sie gekommen.«
»Vielleicht, vielleicht. Glaubst du nicht, daß wir hier glücklich sein werden? Du bedauerst es nicht, mit mir gekommen zu sein?«
»Nein . . .« Sie zögerte. »Aber es ist so weit weg . . . Werden wir nie nach Tahiti zurückkehren?«
Christian schüttelte den Kopf. »Nie. Ich sagte dir das, bevor wir abreisten«, fügte er sanft hinzu.
»Ich weiß es . . .« Als sie zu ihm aufblickte, glänzten Tränen in ihren Augen. »Du darfst mir nicht böse sein, wenn ich zuweilen an Tahiti denke.«
»Böse? Natürlich werde ich dir nicht böse sein . . . Aber wir werden hier glücklich sein, Maimiti.«
Maimiti ergriff Christians Hand, so als suche sie Schutz vor

der Fremdartigkeit und der Stille des neuen Landes, und sie gingen weiter. Eine parkartige Fläche lag bald vor ihnen, beschattet von uralten Bäumen. Zu ihrer Rechten erhob sich ein gewaltiger Banyanbaum, dessen Wurzeln sich weithin über den Erdboden breiteten. Sie stiegen einen sanften Abhang hinab und gelangten zu einem Hügel, an dessen Rand das Land steil zum Meer abfiel. Es war ein bezaubernder Fleck, erfüllt vom Duft blühender Bäume und Sträucher und vom kühlenden Hauch der Seebrise durchweht. Im Norden führte ein enges Tal zu dem Gebirge, das den Blick begrenzte. Christian wandte sich seiner Begleiterin zu.

»Maimiti, dies ist die Stelle, die ich für unser Heim wählen möchte.«

Sie nickte zustimmend.

»Alle unsere Häuser können auf dem nördlichen Abhang dort errichtet werden«, fügte er hinzu, »wir können mit Sicherheit in einem der kleinen Täler Wasser finden.«

Maimiti war jetzt wieder froh und unbekümmert wie ein Kind. Sie wanderten zu einem Brotfruchtbaum, der den ihn umgebenden Wald hoch überragte. Seine unteren Äste waren voller Früchte. Maimiti klomm empor, pflückte etwa ein Dutzend der großen grünen Kugeln und warf sie zu Christian hinab.

»Wir werden heute ein herrliches Essen haben«, rief sie hinunter. »Hast du deinen Feuermacher mitgebracht?«

»Natürlich«, erwiderte er lachend.

Christian sammelte Zweige, Blätter und trockene Äste, und als das Feuer brannte, legte er die Früchte zum Rösten hinein.

Sie machten sich wieder auf den Weg, um das umliegende Land zu durchforschen. Als sie zurückkehrten, sahen sie Minarii und Moetua beim Feuer sitzen und Vogeleier braten, die sie in den Klippen jenseits des südlichen Berghanges gefunden hatten. Minarii hatte außerdem grüne Kokosnüsse und Pisangfrüchte mitgebracht, die er in den Tälern gefunden hatte.

»Es ist ein reiches Land, das wir gefunden haben«, sagte er. »Wir brauchen nicht weiterzusuchen.«
»Dieser Ansicht bin ich auch«, stimmte Christian zu. »Habt ihr die südlichen Berge erstiegen?«
»Ja. Jenseits von ihnen liegt gutes Land, sogar besseres als in diesem Tal. Dennoch sollten wir uns hier niederlassen.«
»Habt ihr auch Flüsse gefunden?«
»Einen. Er ist klein, aber das Wasser ist gut.«
Das Essen war bereits fertig, als Smith und Brown auftauchten. Beide waren begeistert von dem, was sie entdeckt hatten.
»Dies Land ist der prächtigste Ort, den ich je gesehen habe, Mr. Christian«, rief Smith. »Wir erstiegen die Bergspitze dort drüben. Es gibt da eine Menge Kokosnußpalmen, Sandelholz und Zitronenholz, auch Miro, ein Holz, das sich besonders gut zum Hausbau eignet.«
»Vorzüglich! Konntet ihr die ganze Insel vom Gipfel des Berges aus übersehen?«
»Jawohl«, antwortete Smith.
»Für wie groß hältst du sie ungefähr?«
»Sie kann nicht viel länger als zwei Meilen sein und ungefähr halb so breit. Was meinst du, Will?«
»Das kommt hin«, erwiderte der Gärtner.
»Habt ihr Anzeichen dafür gefunden, daß vor uns Menschen hier gewesen sind?«
»Meinen Sie Weiße, Mr. Christian?«
»Nein, wir sind die ersten Europäer, die je hier landeten, da bin ich ganz sicher; aber Maimiti glaubt, daß früher Polynesier die Insel bewohnt haben.«
»Wir haben keine Anzeichen dafür gesehen.«
Christian wandte sich in der Sprache von Tahiti an Minarii. »Glaubst du, daß jemals Maoris dieses Land besucht haben?«
»Ja«, antwortete Minarii ruhig. »An der Stelle, an der wir uns

jetzt befinden, war einmal eine Ansiedlung. Der große Banyanbaum dort ist von Menschenhand gepflanzt worden. Die Brotfruchtbäume ebenso.«
»Habe ich es dir nicht gesagt?« rief Maimiti.
Christian lächelte ungläubig. »Ich habe große Achtung vor deinem Urteil, Minarii, aber diesmal irrst du dich. Vor uns haben nur Seevögel hier genistet.«
Minarii griff in seinen Lendenschurz und zog eine kleine, kunstvoll gearbeitete Steinaxt hervor. »Dann haben also die Seevögel dieses Ding hier gefertigt?« fragte er mit leisem Lächeln.

Am späten Nachmittag kehrte die Gruppe zum Schiff zurück. Smith und Brown wurden gleich von ihren Kameraden umringt und mit Fragen bestürmt. Christian zog sich in seine Kajüte zurück. Gegen Sonnenuntergang gesellte er sich auf Deck zu Young. Eine Zeitlang ging er schweigend auf und ab; dann sagte er: »Wir wollen diese Stelle ›Bountybucht‹ nennen, Young, und von jetzt an soll es keinen Rangunterschied mehr zwischen uns geben. Ich brauche deine Hilfe, und es mag sein, daß du die meine benötigen wirst. Wir wollen zusammenhalten, was immer auch geschehen möge.«
»Das wollen wir«, rief Young. »Hier meine Hand darauf!«
Christian ergriff sie und drückte sie dankbar. Er schwieg eine Weile, dann fuhr er fort: »Wir werden bald einen Entschluß fassen müssen. Es handelt sich um das Schiff.«
»Du beabsichtigst, es zu zerstören?«
»So ist es. Bist du einverstanden?«
»Vollkommen.«
»Wir müssen alle Brücken hinter uns abbrechen. Es gibt wohl kaum einen einsameren Ort in der Südsee, und dennoch müssen wir immer mit der Möglichkeit rechnen, daß die Insel von Schiffen angelaufen wird. Wenn wir uns der ›Bounty‹ entle-

digt haben, können wir unsere Ansiedlung so anlegen, daß sie vom Meer aus nicht sichtbar ist. Die Landung ist gefährlich, und kein Schiff wird sie versuchen, wenn die Insel unbewohnt erscheint. Wir werden wenig zu befürchten haben.«

»Die Leute warten mit Ungeduld darauf, deine Absichten zu erfahren. Wäre es nicht gut, sie noch heute abend zusammenzurufen?«

Christian dachte einen Augenblick nach. »Einverstanden. Sagst du ihnen Bescheid?«

Kurz darauf hatten sich alle Männer in einem Halbkreis um den Besanmast versammelt. Hinter ihnen stellten sich die Frauen auf und tuschelten leise miteinander.

»Bevor wir Weiteres unternehmen«, begann Christian, »will ich mich davon überzeugen, daß ihr alle damit einverstanden seid, diese Insel zur neuen Heimat zu wählen. Ihr werdet von euren Kameraden, die mich an Land begleiteten, erfahren haben, was sie uns bietet. Doch merkt euch wohl, wenn wir hier landen, dann bleiben wir hier. Falls jemand etwas dagegen einzuwenden hat, so ist jetzt die Zeit dafür.«

Stimmengemurmel wurde laut.

Mills war einer von denen, die nicht einverstanden waren. »Mir gefällt diese Insel nicht. Ich bin dafür, daß wir nach Tahiti zurückkehren.«

Christian blickte ihn einen Augenblick schweigend an. Dann sagte er: »Zum letzten Male will ich wiederholen, was ich ja schon oft gesagt habe. Wir sind keine freien englischen Seeleute mehr, die tun und lassen können, was sie wollen. Wir sind Flüchtlinge, die als Meuterer und Piraten verfolgt werden. Daß man uns suchen wird, sobald die Meuterei bekanntgeworden ist, steht außer Zweifel . . .«

»Sie glauben doch nicht ernstlich, daß Bligh jemals England erreichen wird?« unterbrach ihn Martin.

»Ich hoffe, er wird es erreichen«, sagte Christian mit einem finsteren Blick auf den Sprecher, »um der unschuldigen Männer willen, die ihn begleiteten. Wie die Sache liegt, ist nicht damit zu rechnen, daß man je wieder etwas von ihnen hören wird. Nichtsdestoweniger wird die Admiralität es nicht ruhig hinnehmen, daß eines ihrer Schiffe einfach verschwindet. Jede Insel in der Südsee, die man für eine mögliche Zufluchtsstätte hält, wird abgesucht werden. Sollte man uns finden, so wird jeder von uns, den man fängt, gehenkt werden. Ich zumindest habe nicht vor, mich fangen zu lassen . . .«

»Ich auch nicht, Sir!« rief Smith. Die anderen stimmten zu.

»Nun gut denn«, fuhr Christian fort. »Es scheint, daß keiner von euch Lust hat, zu baumeln. Also müssen wir eine Insel suchen, die voraussichtlich nicht gefunden wird, solange wir leben. Dort vor euch liegt eine solche Insel. Sie liegt weitab von der Route der Schiffe, die den Stillen Ozean befahren werden. Die Insel ist fruchtbar, und es gibt keine Bewohner hier. So, jetzt überlegt es euch sorgfältig. Sollen wir hier unser neues Heim gründen oder nicht?« Nach einer kleinen Pause sagte er: »Die, welche für Pitcairn sind, mögen die Hand erheben.«

Fünf Hände reckten sich empor. McCoy gesellte sich nach einem Augenblick des Zögerns zu denen, die dafür waren. Martin folgte.

»Nun, Mills?« fragte Christian mit scharfer Stimme.

Der alte Seemann hob die Hand, aber es schien ihm schwerzufallen. »Ich sehe ein, daß es das beste ist, Mr. Christian, aber es erscheint einem doch hart, sein Leben lang auf so einem Felsen von allem abgeschnitten zu sein.«

»Du würdest es noch härter finden, vom Galgen abgeschnitten zu werden«, sagte Christian grimmig.

»Was soll mit dem Schiff geschehen?« fragte Martin.

»Wir müssen es verbrennen«, rief Smith.

Christian nickte. »Ihr seid Seeleute genug, um zu wissen, daß wir das Schiff nicht behalten können«, sagte er ruhig. »Was sollten wir mit ihm anfangen?«

Die Frage wurde ausführlich diskutiert, aber schließlich stimmten doch alle dafür, die »Bounty« zu zerstören.

»Nur eines habe ich noch hinzuzufügen«, fuhr Christian fort. »Von heute an hat jeder in wichtigen Dingen, die uns alle angehen, seine Stimme. Die Mehrheit entscheidet. Seid ihr damit einverstanden . . .? Dann erhebt eure Hände.«

Alle waren dafür.

Als die Leute sich zerstreut hatten, wandte sich Young an Christian.

»Du bist zu großzügig gewesen.«

»Indem ich jedem eine Stimme im Rat zubilligte, meinst du?«

»So ist es. Ich meine, die letzte Entscheidung sollte bei dir liegen.«

»Ich verkenne die Gefahr nicht«, entgegnete Christian, »aber es gibt keine andere Möglichkeit. Ich allein trage die Schuld daran, daß die Leute hier sind. Hätte ich sie nicht zur Meuterei verleitet, so würde die ›Bounty‹ sich jetzt England nähern.«

Er brach ab und blickte düster auf das Land. »Sicher kommt ihnen dieser Gedanke oft. Es ist ein Gebot der Gerechtigkeit, daß ich sie mitbestimmen lasse . . . obgleich ich weiß, daß es zu ihrem eigenen Schaden sein könnte. Aber wir beide werden sie schon dahingehend beeinflussen können, kluge Entscheidungen zu treffen.«

3

Beim ersten Tageslicht waren die Leute von der »Bounty« bereits auf den Beinen, und sogleich wurden Vorbereitungen für die Landung der Vorräte getroffen. Mit Ausnahme von Brown, dem Gärtner, sollten die Meuterer unter Youngs Leitung an Bord bleiben, um das Schiff abzutakeln. Die Eingeborenen wurden damit beauftragt, in den Kuttern des Schiffes und in den beiden Kanus alles Verwendbare an Land zu bringen. Gleichzeitig wurde ein Weg angelegt, der von der Bucht zum vorläufigen Siedlungsplatz emporführte.

Obgleich die Vorräte der »Bounty« mit den in Tahiti gebliebenen Meuterern geteilt worden waren, waren sie immer noch sehr reichlich: Fässer mit Rum, gepökeltes Rind- und Schweinefleisch, getrocknete Erbsen und Bohnen, eine Fülle von Kleidungsstücken, Pulverfässer, Eisen und Nägel, Blei für Musketenkugeln und vieles andere. Vierzehn Musketen und eine Anzahl Pistolen waren vorhanden. Von Tahiti hatte man zahlreiche Hühner, zwanzig Mutterschweine, fünf Eber und drei Ziegen mitgenommen. Da die Insel klein war, beschloß man, die Tiere frei umherlaufen zu lassen, bis die Häuser fertig sein würden.

Das Wetter war so günstig wie nur möglich; der Himmel war wolkenlos; eine leichte südwestliche Brise wehte. So blieb es fünf Tage. Nach Ablauf dieser Zeit waren die wertvollen Lasten an Land gebracht, und aus den Ersatzsegeln der »Bounty« hatte man an einer Stelle oberhalb der Bucht Zelte errichtet.

Am Morgen des fünften Tages schlug das Wetter gegen Nordosten um und wehte kräftig in die Bucht. Man war übereingekommen, daß das Schiff seine letzte kurze Reise antreten sollte, sobald der Wind es erlaubte. Die hierfür gewählte Stelle lag unter einem steil aufragenden Felsvorsprung auf der linken Seite der Bucht, den man später Schiffslandungskap nannte.

Christian überließ Young das Steuer und ging nach vorn, um dem Schiff seine Richtung zu geben. Es war ein Augenblick höchster Spannung für alle; Männer und Frauen stellten sich an der Reling auf und starrten auf den immer schmaler werdenden Wasserstreifen, der sie vom Land trennte.
Von der Strömung immer stärker getrieben, näherte sich das Schiff zwei Klippen, die kaum vier Klafter voneinander entfernt waren. Einen Augenblick später trug eine Woge den Bug der »Bounty« hoch empor; hart stieß sie auf Grund. Die Klippen, an denen sie festlag, waren etwa dreißig Meter vom Ufer entfernt. Zwei Halsen wurden vom Bug an den Strand gebracht und an den Bäumen befestigt. Als Christian sich überzeugt hatte, daß die »Bounty« so gut wie möglich gesichert war, machten sich die Leute sogleich daran, sie abzutakeln.
Während der nächsten Woche gab es für niemanden eine Ruhepause. Die Maste wurde in geeignete Stücke geschnitten, um als Bauholz verwendet zu werden. Die meisten Männer waren an Bord beschäftigt, und die Frauen, ausgezeichnete Schwimmerinnen, halfen mit, die Balken durch die Brandung an Land zu schaffen.
Endlich war auch das Holz der Kajüten und Vorratskammern ebenso wie die Deckplanken an Land gebracht worden. Als die Arbeit so gut wie beendet war, wurde ein Ruhetag bewilligt, und zum ersten Male, seitdem die »Bounty« England verlassen hatte, befand sich niemand an Bord des Fahrzeuges. Aus Fischen, frischer Brotfrucht, Pisang und wilden Yamwurzeln wurde das leckerste und nahrhafteste Mahl bereitet, das die Leute von der »Bounty« seit ihrer Abfahrt von Tahiti eingenommen hatten. Am Abend des Ruhetages sahen die Männer, wie sich Christian mit Young an Bord der »Bounty« begab. Alle spürten, daß es nun galt, Abschied zu nehmen von dem Schiff, das sie viele tausend Meilen bis zu dieser neuen Heimat gebracht hatte.

Kurze Zeit später stand das Schiff bereits in hellen Flammen, die sich in den Augen der Menschen widerspiegelten, die am Strand standen und schweigend dem Ende der »Bounty« zusahen.

Von diesem Tage an kam den Bewohnern von Pitcairn ihre Verlassenheit tiefer als bisher zum Bewußtsein. Das Wrack, soweit es aus dem Wasser hervorragte, legte beredtes Zeugnis von der Unabänderlichkeit ihres Schicksals ab. Zuweilen erstiegen sie abends einzeln oder in Gruppen den Aussichtspunkt oberhalb der Bucht und blickten stumm auf die letzten Reste der »Bounty« hinab.
Von allen Meuterern schien keiner so tief und schmerzlich getroffen zu sein wie Brown. Als Gehilfe des Botanikers der Expedition war er auf die »Bounty« gekommen und hatte auf Tahiti mit dem Studium der Inselflora und der Pflege der jungen Brotfruchtbäume fünf glückliche Monate verbracht. Am Morgen der Meuterei war er von Martin aus dem Schlaf gerüttelt worden; dieser hatte ihm eine Muskete in die Hand gedrückt und ihm befohlen, an Deck zu gehen. Dort stand er während des ganzen Aufruhrs mit seiner Waffe, betäubt von dem, was da vor sich ging, völlig unfähig zu handeln, bis es zu spät war. Christian war nicht nur überrascht, sondern auch bestürzt, als er später die Anwesenheit Browns unter den Meuterern bemerkte; es ergab sich von selbst, daß der Gärtner nun bei Christian den Schutz und die Führung suchte, die ihm früher sein Vorgesetzter, Mr. Nelson, zuteil werden ließ. Er verstand nichts von Schiff oder Meer, aber ungemein viel von der Erde und ihren Pflanzen, und seine Liebe zur Natur entschädigte ihn bis zu einem gewissen Grade für das bittere Heimweh, das ihn oftmals überwältigte.
Nach und nach machte jedoch das Gefühl der Einsamkeit einer fröhlichen Stimmung Platz; sowohl die Männer als auch die

Frauen machten sich entschlossen an die Arbeit. Die Gegend, die für die feste Ansiedlung gewählt wurde, lag am Fuß eines Berges, den sie den Ziegenberg nannten, weil auf ihm der Ziegenstall gebaut worden war. Nur Brown und seine Gefährtin, das Eingeborenenmädchen Jenny, die näher der Mitte der Insel zu wohnen wollten, hatten einen Grund am Abhang der Hauptgebirgskette gewählt. Christians Haus wurde unter dem riesigen Banyanbaum errichtet, bei dem er und Maimiti am Tage ihres ersten Landausfluges gerastet hatten. Der zweite Haushalt war der von Young und Alexander Smith mit ihren Frauen Taurua und Balhadi. Mills, Martin und Williams bildeten den dritten, mit Prudence, Susannah und Fasto. Quintal und McCoy, Sarah und Mary taten sich zum vierten zusammen, und die eingeborenen Männer zum fünften. Das war der größte Haushalt, er bestand aus neun Mitgliedern: Minarii, Tetahiti, Tararu, Te Moa, Nihau und Hu, mit den Frauen der drei ersteren, Moetua, Nanai und Hutia.

Te Moa, Nihau und Hu waren die drei Männer, die keine Frau hatten. Die weißen Männer, mit Ausnahme von Brown, bauten hölzerne Häuser, die zum Teil aus Material von der »Bounty« und zum Teil aus Holz von der Insel bestanden; die Dächer wurden mit Pandanusblättern gedeckt. Das Wohnhaus der Eingeborenen lag an einer freien Stelle, die etwa eine Viertelmeile von der Bountybucht entfernt war. Quintal und McCoy wohnten dem Landungsplatz am nächsten. Die Häuser der anderen Meuterer lagen näher beieinander, waren aber durch den Wald, der das Tal bedeckte, den Blicken der Nachbarn entzogen.

Christian verwaltete die kleine Kolonie mit strengster Gerechtigkeit; er ließ den weißen wie den braunen Männern völlige Freiheit in ihren persönlichen Angelegenheiten, solange diese den Frieden der Gemeinschaft nicht bedrohten. Die Arbeit wurde nach einem genauen Plan eingeteilt. Williams beschäftigte sich mit seiner Schmiede; der Eingeborene Hu war ihm als Gehilfe beigegeben. Mills und Alexander Smith wurde die Sägegrube zugeteilt; Quintal und McCoy hatten für das Vieh zu sorgen; Brown wiederum trug für die Gärten und Anpflanzungen die Verantwortung. Die Eingeborenen beschäftigten sich während der ersten Monate hauptsächlich mit Fischfang und mit dem Einsammeln von Pflanzen und Kräutern. Christian und Young hatten die Oberaufsicht und gingen den andern mit gutem Beispiel voran, indem sie von Sonnenaufgang bis zur Dämmerung arbeiteten. Auch für die Frauen gab es Aufgaben in Hülle und Fülle.

Am späten Nachmittag eines Sonntages gegen Ende Februar hatten Christian und Young den schmalen Grat erstiegen, der die beiden höchsten Gipfel der Insel miteinander verband. Er bot eine weite Aussicht über die Insel und die endlose Wasserfläche ringsumher.

Nachdem sie eine Zeitlang geschwiegen hatten, begann Christian zu sprechen: »Seit langem wollte ich dich etwas fragen . . . laß mich deine Meinung ganz offen wissen . . . Hältst du es für möglich, daß Bligh und seine Begleiter noch am Leben sind?«

Young warf ihm einen raschen Blick zu. »Ich habe lange auf diese Frage gewartet, sie sogar erhofft. Nun denn, ich glaube, wir dürfen annehmen, daß sie in Sicherheit sind.«

Christian fuhr jäh auf.

»Sag es noch einmal, Ned! Überzeuge mich davon. Doch nein; wie kann ich nur fragen! Können neunzehn Menschen, unbewaffnet, kaum mit Nahrung und Wasser versehen, in einem bis zum Kentern überlasteten Boot eine Fahrt von vollen zwölfhundert Seemeilen machen? Durch Inselgruppen mit Wilden, die nur darauf warten, sie zu ermorden? Unmöglich!«

»Es ist durchaus nicht unmöglich, wenn du den Charakter des

Mannes, der sie führt, in Betracht ziehst«, entgegnete Young ruhig. »Denke an seine unwahrscheinliche Geschicklichkeit als Navigator. Wie immer man sonst über ihn denken mag, als Seemann ist Bligh über jedes Lob erhaben.«

»Das ist er; ich gebe es zu ... Bei Gott! Du magst recht haben! Bligh vermag es ... nur er!«

Young antwortete ernst: »Ich bitte dich darum, Christian, nicht länger über diese Sache nachzugrübeln. Du darfst an diese Leute nicht wie an Tote denken.«

Christian verbarg sein Gesicht in den Händen: »Genug davon, Ned!«

Nach einer Weile fügte er hinzu: »Ist es nicht ein seltsamer Gedanke, daß wir vielleicht noch als alte Männer hier leben werden, umgeben von Kindern und Enkeln? Man wird uns niemals finden, dessen bin ich so gut wie sicher ... Doch komm, Ned, kehren wir heim!«

Sie kletterten über die steilen Felsen hinab, kamen dann zu den darunter gelegenen sanfteren Abhängen, kreuzten Haine, in denen das verschlungene Laubwerk hoch über ihnen das schwache Licht des Abends abhielt, so daß beinahe nächtliches Dunkel herrschte.

In einem dieser Haine hatten zwei andere der Inselbewohner den Nachmittag verbracht. Kaum hatten Christian und Young ihn verlassen, als ein Vorhang aus dichten Farnen geteilt wurde und Hutia den sich entfernenden Gestalten nachblickte. Sie war eine hübsche junge Frau, deren üppige dunkle Haarflechten bis zu den Knien reichten. Wie ein fluchtbereites Tier stand sie da, fast unsichtbar im Abenddämmer; dann wandte sie sich ihrem Begleiter zu. »Christian war es!« rief sie mit Angst in der Stimme.

Williams lag lang ausgestreckt im Farnkraut, die Hände hinter dem Kopf verschränkt.

»Macht nichts!« brummte er. »Komm, setz dich zu mir her!«

Er zog sie an den Händen zu sich herab. Die Frau wich lachend zurück.
»Nein, John, du verlangst zuviel . . . nicht so schnell. Ich gehe jetzt. Tararu spricht: ›Wo Hutia?‹, und Fasto spricht: ›Wo mein Mann?‹«
Williams hielt sie fest. »Mach dir keine Sorgen wegen Fasto! Wen hast du lieber, Tararu oder mich?«
Hutia lächelte ihn an. »Dich«, antwortete sie. Plötzlich machte sie sich los und verschwand in der Dunkelheit.

4

Ein Weg, von Tag zu Tag deutlicher ausgetreten, führte in Windungen von der Bountybucht zu Christians Haus empor, das am westlichen Ende der Ansiedlung stand. Kurz vor ihr zweigte ein Pfad ab, der zu einem winzigen, von frischen Quellen gespeisten Bach führte, der in einer Folge von kleinen Wasserfällen und teichartigen Ausbuchtungen im Schatten großer Bäume dahinplätscherte. Der oberste Teich war zu einer Zisterne ausgebaut worden, die das Trinkwasser für die Siedler lieferte. Eine tiefer gelegene große Wasserfläche wurde zum Baden benutzt und war nachmittags den Frauen vorbehalten.
Eines Nachmittags sonnten sich einige Frauen auf einem großen Felsblock, der unmittelbar am Ufer des Teiches stand. Einige kämmten und trockneten ihr Haar, während andere Kränze aus Farnkräutern und Blumen wanden.
Moetua hatte gerade von der Tiare Maohi, der süß duftenden Gardenia von Tahiti, gesprochen.
»Sprich nicht mehr davon«, rief Sarah; Tränen schimmerten in ihren Augen. »Wir wissen, daß wir diese Blumen nie

wiedersehen. Wenn ich die Augen schließe, glaube ich ihren Duft zu spüren!«

»Sag mir, Moetua, wenn man dich nochmals vor die Wahl stellte, würdest du Tahiti noch einmal verlassen?« fragte Susannah.

»Ja. Minarii ist hier, und bin ich nicht seine Frau? Dies ist ein gutes Land, er liebt es, so muß auch ich zufrieden sein. Ich denke schon seltener an Tahiti als früher. Geht es euch nicht ebenso?«

»Mir nicht«, antwortete Susannah bitter. »Nie mehr würde ich die Heimat verlassen. Nie mehr!«

»Aber man sagte uns damals, daß das Schiff nicht zurückkehren werde«, bemerkte Balhadi ruhig. »Christian verschwieg es keiner von uns.«

»Doch wer hätte es wirklich geglaubt!« sagte Sarah. »Mills und die anderen machten uns glauben, es sei nicht wahr . . . Erinnert ihr euch, wie wir nach der Abfahrt ganz dicht an der Küste von Eimeo vorbeikamen?«

»Gewiß erinnere ich mich!« warf Susannah ein. »Martin hielt mich fest. Er wußte, daß ich ins Meer gesprungen und ans Ufer geschwommen wäre, wenn ich Gelegenheit dazu gehabt hätte.«

»Quintal hielt meine beiden Hände fest«, berichtete Sarah, »sonst hätte ich das gleiche getan.«

»Warum fuhr das Schiff plötzlich ab?« fragte Nanai.

»Sie fürchteten, daß ihr im letzten Augenblick eure Absicht ändern würdet«, entgegnete Moetua.

»Wißt ihr, wie ich überlistet wurde?« fragte Prudence. »Mills ging zu meinem Onkel, die Taschen mit großen Nägeln gefüllt. Mein Onkel bekam gierige Augen, als er sie sah. ›Du wirst die Nacht bei dem weißen Mann auf dem Schiff verbringen‹, befahl er mir. Er erhielt die Nägel, und ich ging mit Mills. Als ich bei Tagesanbruch erwachte, war das Schiff schon auf hoher See.«

»Und magst du ihn jetzt, deinen Mann?« fragte Hutia.
Prudence zuckte die Achseln. »Er ist gut zu mir – das muß ich sagen. Wie ein Gatte und ein Vater zugleich. Ich kann mit ihm machen, was ich will.«
»Was mich anbetrifft«, bemerkte Moetua, »so möchte ich mit keiner von euch tauschen. Ich ziehe einen Mann meines Stammes vor. Diese weißen Männer sind seltsam; ihre Gedanken sind nicht wie die unseren. Wir können sie niemals wirklich verstehen.«
»Das finde ich nicht«, widersprach Balhadi. »Smith, mein Mann, könnte geradeso einer der Unseren sein; ich kann seine Gedanken lesen, selbst wenn seine Worte mir nicht klar sind. Weiße Männer sind nicht so verschieden von denen unseres Blutes.«
»Maimiti sagt dasselbe«, meinte Moetua zweifelnd. »Sie scheint mit Christian glücklich zu sein.«
»Mit Maimiti ist es etwas anderes«, warf Sarah ein, »Christian spricht unsere Sprache so gut wie wir selber. Die anderen lernen sie langsamer.«
Alle diese Frauen waren jung und hatten die glückliche und sorglose Art der Menschen ihrer Rasse. Einen Augenblick später schwatzten und lachten sie so vergnügt, als hätten sie gar keine Sorgen.

Die Anpflanzungen entwickelten sich vortrefflich. Der rote, vulkanische Boden war außerordentlich fruchtbar, und die Beete, auf denen Yam, süße Kartoffeln und Taro gepflanzt worden waren, versprachen eine frühe und reichliche Ernte. Die blaßgrünen Schößlinge des Zuckerrohrs kamen schon zum Vorschein, und die jungen Sprossen der Bananen öffneten sich bereits in der Sonne. Im Haupttal hatte man riesige alte Brotfruchtbäume im Überfluß gefunden.
Ebenso wie die Pflanzen gediehen auch die Tiere prächtig. Die

Schweine mästeten sich an den Knollen der wilden Yampflanzen; die Hühner vermehrten sich rasch, und das fröhliche Krähen der Hähne unterbrach die Stille der Insel, die im Anfang auf alle so bedrückend gewirkt hatte, auf willkommene Weise. Auf der anderen Seite des westlich gelegenen Berggipfels hatte man einen Stall und eine Hürde für die Ziegen errichtet, die jeden Tag gefüttert und getränkt wurden.

John Williams arbeitete allein in seinem Haus, während Martin und Mills von der Bountybucht Bretter herauftrugen. Der Rohbau des zweistöckigen Hauses war nun fertig, und Williams sägte die Dachsparren zurecht. Es war nahe der Mittagsstunde, und die Sonne schien heiß auf die Lichtung herab. Er legte die Säge beiseite und wischte sich den Schweiß vom Gesicht. »Fasto!« rief er.

Eine dunkle Frau von gedrungenem Körperbau trat aus dem Häuschen, in dem sie ihre Mahlzeiten zubereitete. Sie war schweigsam, fleißig und gehorsam.

»Ist das Mittagessen fertig?« fragte er. »Bring mir einen Bottich voll Wasser.«

Sie goß das Wasser über seinen Kopf und seine Schultern, während er sich das Gesicht reinigte. Dann trug sie das Essen auf, nachdem sie große grüne Blätter als Tischtuch neben ihn auf den Boden gebreitet hatte. Es gab geröstete Brotfrucht, Yamwurzeln und ein Dutzend Seevogeleier.

»Sind noch mehr Eier da? Nein?« fragte er, nachdem er gegessen hatte. Da er die Sprache von Tahiti, für die er nur Verachtung empfand, nicht beherrschte, hatte Williams die Frau dazu gebracht, einige Worte Englisch zu lernen. Tränen traten in ihre Augen, denn sie hatte das Gefühl, ihre hausfraulichen Pflichten nachlässig erfüllt zu haben. Im Bemühen, ihrem Gefühl Ausdruck zu geben, murmelte sie: »Mehr Eier Abendessen.«

»Gut, du bist ein braves Weib. Ordentlich arbeiten und ordentlich essen, das ist Jack Williams' Wahlspruch.«
Er erhob sich, gab ihr einen Kuß und tätschelte ihren Rücken. Fasto lächelte vor Freude, als sie in das Kochhaus zurückging.
Einige Stunden später ruhte Williams sich ein wenig von seiner schweren Arbeit aus. Fasto hatte bereits das Haus verlassen, um in den Klippen auf der Südseite der Insel nach Eiern zu suchen.
Williams verschwand im nahen Gebüsch. Etwa eine Viertelmeile von der Ansiedlung entfernt breitete mitten im dichten Wald ein alter Pandanusbaum seine Äste aus. Hutia kletterte behutsam den Baumstamm hinab. Der Boden ringsum war mit Blättern bedeckt, die sie gepflückt hatte und die zum Decken der Dächer dienen sollten. Leichtfüßig sprang sie vom untersten Ast des Baumes zur Erde hinab und begann, die Blätter zu bündeln. Plötzlich tauchte Williams zwischen den Bäumen auf. Im nächsten Augenblick lag die Frau in seinen Armen.
»Wo ist Fasto?« fragte sie ängstlich.
»Mach dir darüber keine Sorgen; vor Sonnenuntergang wird sie nicht zurück sein.«
Währenddessen saß Prudence vor dem Haus und säuberte einen Haufen Pandanusblätter von Dornen. Sie war kaum sechzehn Jahre alt, klein und anmutig und hatte eine golden schimmernde Haut und kupferrotes Haar.
Sie wandte den Kopf, als sie Schritte hörte. Mit einem raschen Blick überzeugte sie sich davon, daß es Tararu war, tat aber, als sähe sie ihn nicht.
»Wo sind die anderen?« fragte er.
»Aué! Du hast mich erschreckt!«
Tararu setzte sich lächelnd an ihre Seite. »Erschreckt? Eines Tages, wenn Mills nicht in der Nähe ist, muß ich es dir abgewöhnen, Angst vor mir zu haben ... Wo sind die anderen Frauen?«

»Sie sammeln Blätter ein.«

Den Blick auf ihre Arbeit gerichtet, begann sie leise eine eintönige Melodie vor sich hin zu summen. Still in sich hineinlächelnd, hörte Tararu zu. Prudence sang so, als wäre sie sich gar nicht bewußt, einen Zuhörer zu haben. Nach einem vergeblichen Versuch, einen Blick von ihr zu erhaschen, erhob sich Tararu und schlenderte davon.

Er ging auf die Suche nach Hutia. Gleich vielen anderen, die stets bereit sind, um eine fremde Frau zu werben, war er ängstlich um die Treue seines eigenen Weibes besorgt.

Eines Abends Anfang März machte sich Hutia auf den Weg zum Badeteich. Sie hatte Streit mit Tararu gehabt, der sie geschlagen hatte, weil er zwei andere eingeborene Männer bei ihr stehen sah. Sie wollte mit ihrem Zorn und Kummer allein sein und schob ihr Bad bis zu einer Stunde auf, in der die übrigen Frauen gewöhnlich bereits zur Ansiedlung zurückgekehrt waren. Der Badeplatz war denn auch verlassen, bis auf Prudence, die im Zwielicht der Dämmerung im Wasser stand.

»Beeil dich!« rief Hutia scharf. »Ich will jetzt baden.«

Prudence warf ihr einen kalten Blick zu. »Wer bist du? Die Königin dieser Insel? Bin ich deine Dienerin, ich, die ich einen weißen Mann zum Gatten habe?«

»Und meinen Gatten möchtest du wohl noch dazu haben, wie?« rief Hutia erbost. »Nimm dich in acht! Ich habe gesehen, wie du ihn schmachtend angeblickt hast!«

»So halte ihn doch fest!« sagte Prudence spöttisch. »Halte ihn fest, wenn du kannst!«

»Was meinst du damit?«

»Was ich sage!« Prudence kicherte leise. »Aber du wirst ihn nicht halten können. Ein schwarzhaariges, untreues Weib wie du!«

Hutia stürzte sich wütend auf die kleinere Frau, zerrte sie an den Haaren und drückte sie nach einem kurzen Kampf unter die Oberfläche des Wassers. So lange hielt sie den Kopf der Feindin fest, bis Prudence halb ertrunken war. Endlich war sie befriedigt. Sie wandte der anderen den Rücken und schickte sich an zu baden.

Prudence stieg aus dem Teich, legte mit zitternden Händen ihren Rock und ihr Schultertuch an und verschwand im Gebüsch. Ehe sie die Ansiedlung erreichte, ordnete sie ihr Haar und ging dann geradewegs in das Kochhaus, in dem sie Fasto bei der Arbeit wußte. »Ich habe dir etwas zu sagen«, raunte sie ihr zu. »Du bist immer gut zu mir gewesen. Ich bin jung, und du warst wie eine Mutter zu mir. Nun will ich es dir sagen, ehe die anderen Frauen beginnen, dich zu verspotten.«

»Was ist es, Kind?« fragte Fasto. Die arglose, arbeitsame Frau hatte ein weiches Herz, und Prudence' Jugend erregte ein mütterliches Gefühl in ihr. Sie ergriff ihre Hand und streichelte sie. »Was ist es, Kind?« wiederholte sie.

Prudence zögerte, ehe sie sprach. »Es ist schwer, es dir zu sagen, aber es ist am besten, wenn du es von einer hörst, die dich gern hat. Halte deine Augen offen! Williams ist ein guter Mann und liebt dich, aber alle Männer sind schwach, wenn es sich um Frauen handelt. Hutia stellt ihm seit langem nach. Jetzt treffen sie sich jeden Tag im Wald; du und Tararu aber, ihr seid blind . . . Du glaubst mir nicht? Dann geh und überzeuge dich selbst. Verbirg dich in der Nähe des großen Pandanusbaumes, wenn Williams das Haus verläßt, um baden zu gehen, wie er sagt. Dein Mann wird kommen, und Hutia wird durch den Wald schleichen, um ihn zu treffen.«

Fasto saß lange schweigend da, mit gesenktem Kopf, mit Augen, die sich mit Tränen füllten, während sie fortfuhr, die Hand des Mädchens zu streicheln.

Endlich sagte sie mit leiser Stimme: »Ich kann es nicht

glauben, Kind, aber ich will tun, was du mir sagst . . . Sollte ich meinen Mann bei jener Frau finden . . .« Ihre Stimme erstarb.
Am Abend des nächsten Tages fand man am Fuß der Felsen, die jäh zum Meeresstrand abstürzen, Fastos zerschmetterte Leiche.

5

Einige Tage nachdem die »Bounty« in Flammen aufgegangen war, hatte Minarii eine Stelle ausgewählt, an der er mit den anderen Eingeborenen den Tempel errichten wollte. In der darunterliegenden Schlucht gab es Felsblöcke, die zum Bau des Tempels geeignet waren, in Hülle und Fülle. Wann immer die sechs Polynesier eine freie Stunde hatten, arbeiteten sie an der Errichtung des Heiligtums. Allmählich gewann der Tempel Form; er bestand aus einer felsigen Plattform, mit riesigen Steinen bedeckt, auf denen man Gott kniend verehrte; darüber erhob sich eine drei Meter hohe Pyramide, die durch zwei von dem uralten Tempel in Tahiti mitgebrachte Steine geheiligt wurde.

An einem Morgen im April waren Minarii und seine Gefährten damit beschäftigt, die Plattform auszukehren und den Grund ringsumher zu säubern, denn die Zeremonie der Erweckung des Gottes stand bevor. Die Schultern aller sechs Männer waren zum Zeichen der Ehrfurcht entblößt.
Plötzlich traten Mills und McCoy aus dem Dickicht. McCoy blickte verwundert auf das Heiligtum.
»Ein schönes Stück Arbeit«, bemerkte er anerkennend. »Ihr sechs habt das gebaut, Tetahiti?«

Der Eingeborene sah ihn ernst an. »Dies ist unsere Marae«, erklärte er, »wo wir unseren Gott anbeten.«

»Was hat er gesagt?« fragte Mills verächtlich.

Ohne eine Antwort abzuwarten, durchschritt er die Pforte. Als er die steinerne Plattform betreten wollte, legte ihm Minarii die Hand auf den Arm.

»Deine Schultern! Entblöße deine Schultern, ehe du den Fuß hierhersetzt!«

Mills, der nur wenige Worte der Eingeborenensprache verstand, schüttelte ihn ab und wollte weitergehen, als McCoy rief: »Bist du verrückt, John? Entblöße deine Schultern! Es ist ihre Kirche, Mann! Würdest du eine Kirche mit dem Hut auf dem Kopf betreten?«

Mills stieß ein heiseres Lachen aus. »Kirche nennst du das! Es ist ein verdammter heidnischer Tempel! Fällt mir nicht ein, wegen eines Indios mein Hemd zu zerreißen!«

Ehe er den Tempel betreten konnte, packte ihn Minarii beim Arm und schleuderte ihn mit solcher Kraft zu Boden, daß er halb betäubt liegenblieb. Der Häuptling stand drohend über dem Engländer; seine Augen funkelten vor Zorn. In den Mienen der anderen Eingeborenen war deutlich der Schreck über diese Entweihung zu lesen.

»Beruhige dich, Minarii«, legte sich McCoy rasch ins Mittel. »Du bist im Recht, aber dieser Mann meinte es nicht böse. Er ist unwissend, das ist alles.«

»Führe ihn weg!« gebot Minarii. »Betretet diesen Platz nie mehr. Er ist uns heilig.«

Mills erhob sich mühsam und stand, wuterfüllt und verwirrt, mit geballten Fäusten da. Aber Minariis grimmiges Gesicht und gewaltige Gestalt flößten ihm Angst ein. Er wandte sich ab und ließ sich von McCoy wegführen. Die Eingeborenen blickten ihnen schweigend nach, als sie auf dem Pfad, der zur Ansiedlung führte, verschwanden.

»Geht«, befahl Minarii den anderen Indios, »und vergeßt, was ihr gesehen habt. McCoy hat recht – er ist unwissend.«
Tetahiti blieb zurück; mit tiefer Befriedigung blickten die beiden Männer auf ihr Werk.
Nach einem Augenblick des Schweigens fragte Minarii: »Du kennst diese weißen Männer besser als ich. Haben sie keinen Gott?«
»Christian hat nie mit mir darüber gesprochen, aber mir will es scheinen, als beteten sie zu keinem Gott.«
»Es ist seltsam, daß sie gottlos zu sein scheinen. Kapitän Cook und seine Leute waren vom gleichen Stamm wie diese, aber an jedem siebenten Tag beteten sie zu ihrem Gott. Unsere weißen Männer tun nichts dergleichen. Es wäre besser, wenn wir mit unseren Frauen allein auf der Insel wären. Das Wesen der Weißen ist uns ebenso fremd wie ihnen das unsere.«
»Es gibt gute Männer unter ihnen«, sagte Tetahiti.
»Aber nicht alle sind gut«, bemerkte Minarii ernst. »Te Moa und Hu erwarten von uns, daß wir sie beschützen, und doch behandeln Quintal, Williams und Mills sie schon jetzt kaum besser als Sklaven. Wir wünschen keinen Streit. Wir müssen geduldig sein, aber ein Tag mag kommen . . .«
Er hielt inne und blickte finster vor sich hin.
»Christian weiß nichts davon«, sagte Tetahiti. »Soll ich ihm die Augen öffnen?«
»Er muß diese Dinge selbst bemerken. Wir wollen warten und schweigen.«

Nach dem Begräbnis Fastos war Williams etwa einen Monat lang nicht mit Hutia zusammengekommen. Sosehr er sich auch bemühte, so konnte der Schmied sich dennoch nicht von dem Gedanken befreien, daß Fasto etwas von seiner Beziehung zu Hutia erfahren und sich aus Kummer die Klippen hinabgestürzt hatte. Obgleich rauh und ungeschlacht, war er

keineswegs ein schlechter Mensch. Eine Zeitlang ging er still seiner Arbeit nach, ohne einen Blick auf Hutia zu werfen, wenn sie vorbeiging, aber allmählich schliefen seine Gewissensbisse ein, und sie trafen sich wie früher im Wald.
Eines Nachmittags, als Williams mit Mills in der Schmiede arbeitete, legte er mit einem Male seinen Hammer nieder. »Komm einmal her, John«, sagte er.
Mills streckte sich brummend. »Was ist los?«
»Es kann so nicht weitergehen. Jeder hat seine Frau. Nur ich nicht.«
»Meine bekommst du nicht«, knurrte Mills. »Nimm den Indios eine weg.«
»Hutia wäre die richtige.«
Mills lachte. »Du mußt das wissen! Ein hübsches Ding, aber durchtrieben, meinte Prudence.«
»Möcht' bloß wissen, was Christian sagen würde; und Minarii . . .«
»Ach was, die Indios soll der Teufel holen! Laß darüber abstimmen. Du hast ein Recht darauf. Wo wären wir ohne John Williams und seine Schmiede?«
Am nächsten Mittag, als Christian mit Maimiti auf der Bank vor seinem Haus saß, kam Williams herangeschlendert und fragte: »Könnte ich einen Augenblick mit Ihnen sprechen, Mr. Christian?«
»Gewiß. Was gibt es, Williams? Willst du mich allein sprechen?«
»Ja.«
Williams zögerte eine Weile, bis Maimiti sich entfernt hatte. Dann begann er: »Vielleicht werden Sie schlecht von mir denken, wenn Sie hören, was ich Ihnen zu sagen habe, aber heraus muß es. Die Menschen sind verschieden: manche heiß, manche kalt, manche gescheit, manche dumm. Ich glaube, Sie werden zugeben, daß ich kein Faulpelz bin und mein Hand-

werk verstehe, aber ich habe eine Schwäche für Frauen ... Es ist so, Mr. Christian: Ich habe meine Frau verloren und muß eine andere haben.«
Christian dachte eine Zeitlang schweigend nach, dann sagte er: »Ich habe das vorausgesehen, denn dein Wunsch ist verständlich. Aber sicherlich wirst du einsehen, daß keiner um deinetwillen seine Frau aufgibt. Was ich vorschlage, würde daheim abscheulich erscheinen, aber hier herrschen andere Sitten. Hast du keinen Freund, der seine Frau mit dir teilen würde?«
Williams schüttelte den Kopf. »Das wäre nicht das Richtige, Mr. Christian. Ich muß eine für mich allein haben.«
»Welche möchtest du denn gern?«
»Hutia.«
»Tararus Frau? Und was soll mit Tararu geschehen?«
»Der ist nur ein Indio und soll das Feld räumen.«
»Er ist ein Mann wie wir. Bedenke, was du empfinden würdest, wenn es umgekehrt wäre.«
»Alles schön und gut«, entgegnete Williams eigensinnig, »aber ich muß sie haben!« Er ballte die Fäuste. »Der Teufel soll das Weib holen! Ich glaube, sie hat mich verhext!«
»Wenn du dich der Frau eines anderen Mannes bemächtigst, so könnte das die schwersten Folgen für uns alle haben.«
»Das weiß ich, Mr. Christian, aber trotzdem ...«
»Willst du damit sagen, daß du keinerlei Rücksicht auf unsere Gemeinschaft nehmen willst? Nein, Williams! Das kann nicht dein Ernst sein!«
»Ich kann es nicht ändern, Mr. Christian. Aber ich bin damit einverstanden, daß wir darüber abstimmen. Wenn die Mehrheit sagt, daß ich sie nicht haben soll, so will ich mich damit zufriedengeben.«
»Du hast kein Recht, darüber eine Abstimmung zu verlangen«, erklärte Christian ernst. Er hielt inne, um nachzudenken. »Und

doch . . . dies ist eine Frage, die uns alle angeht. Ich will deinen Willen erfüllen. Gleich heute abend soll es geschehen. Hol die anderen herbei, wenn ihr zu Abend gegessen habt.«

Einige Stunden später versammelten sich die Meuterer vor Christians Haus.

»Hast du gesagt, warum wir uns treffen, Williams?« fragte Christian.

»Nein, Mr. Christian; ich dachte mir, das würden am besten Sie besorgen.«

Christian nickte. »Es handelt sich um eine Frage, die alle hier auf der Insel angeht. Williams hat seine Frau verloren. Er sagt, daß er eine andere haben muß.« Eine Stimme aus dem Halbdunkel ließ sich vernehmen: »Eine von unseren bekommt er nicht!«

»Er will Hutia«, erklärte Christian. »Er möchte, daß sie ihren Mann verläßt und zu ihm zieht, und er verlangt von mir, ich möge über die Frage abstimmen lassen. Streitigkeiten um Frauen sind immer gefährlich; in einer solchen Lage wie der unsrigen können sie verhängnisvolle Folgen haben. Hutias Gatte ist ein Neffe Minariis, den ihr als stolzen Mann und Häuptling kennt. Ist anzunehmen, daß er ruhig zusieht, wie man Tararu seine Frau wegnimmt? Und Tararu selbst? Die Gesetze der Gerechtigkeit sind überall die gleichen; der Indio ahndet eine Ungerechtigkeit ebenso wie der Engländer. Haß und Streit zwischen den Eingeborenen und uns würde unser aller Untergang bedeuten.«

Ein Gemurmel erhob sich unter den Männern. Die Ansichten schienen geteilt zu sein.

»Seid ihr zur Abstimmung bereit?« fragte Christian. »Bedenkt, daß wir die Sache ein für allemal erledigen müssen. Wir haben beschlossen, uns der Entscheidung der Mehrheit zu fügen. Jene, die dafür sind, daß Williams Tararu sein Weib nimmt, heben die Hände.«

Nur Mills und Martin hoben die Hände.
»Sechs sind gegen, zwei für dich, Williams«, erklärte Christian. »Eines Tages wirst du froh über dieses Ergebnis sein.«
»Ich füge mich der Abstimmung, Mr. Christian«, sprach der Schmied mit dumpfer Stimme.

6

In den folgenden Wochen wich Williams Hutia aus. Er hatte sein Wort gegeben, und er wußte, daß die Zusammenkünfte aufhören mußten, wenn er sein Wort halten sollte. Den größten Teil des Tages verbrachte er fern von der Ansiedlung, da die Errichtung der Häuser beendet war und es daher nur wenig Beschäftigung für ihn gab.
Auf einer einsamen bewaldeten Hochfläche auf der Westseite der Insel hatte er begonnen, ein Stück Land zu roden und sich eine Hütte zu erbauen. Zu Beginn des Monats Oktober kündigte Williams an, daß er sein neues Heim beziehen werde, und brachte mit Mills' Hilfe seine Habseligkeiten über den Bergrücken zu der weit entfernten Lichtung, wo seine Hütte stand.
Mills, der die Stelle zum ersten Male sah, blickte das mit Fleiß und Sorgfalt gezimmerte Häuschen bewundernd an. »Du hast ja eine hübsche kleine Bleibe hier«, sagte er, nachdem er seine Last niedergestellt hatte. »Willst du wirklich ganz allein hier leben?«
»Ja.«
Mills zuckte die Achseln. »Ich will mich nicht hineinmischen, aber wenn du Hutia noch immer im Kopf hast, warum holst du sie dir nicht, ohne dich um die Indios zu kümmern?«
»Ich will nicht, daß meinetwegen ein Streit entsteht, und

versuchen, hier zu leben, wo ich sie nicht sehe; aber wie das enden wird, das weiß ich nicht. Schönen Dank für deinen Beistand, John. Sag den Jungens, sie sollen mich nur holen, wenn es Arbeit in der Schmiede gibt.«

Mills drückte dem Schmied die Hand und ging langsam zur Ansiedlung zurück.

Eines Nachts erhob sich ein Sturm, begleitet von Blitz und Donner; brüllend brachen sich die Wogen an dem felsigen Gestade, und in manchen Augenblicken schien es, als könnte nur ein Wunder die Häuser davor retten, weggerissen zu werden.

Endlich kam der Morgen. Gegen sieben Uhr stieg Smith zu Christians Haus empor. Der Sturm hatte ein wenig nachgelassen, aber noch immer zerrte er wild an den Ästen der Kokosnußpalmen, deren Wedel wie Fahnen im Wind flatterten. An einer Stelle, an der der Pfad dem Sturm voll ausgesetzt war, wurde er beinahe weggeweht und mußte sich zur Seite neigen, um nicht den Grund unter den Füßen zu verlieren. Endlich aber erreichte er Christians Haus. Er fand Christian in einer der beiden ebenerdigen Stuben, in der er zu arbeiten pflegte und die mit einigen roh gezimmerten Stühlen und einem Tisch ausgestattet war, auf dem der Kompaß der »Bounty« lag.

Smith fand Christian in Gesellschaft Jennys und Tauruas. Im ersten Stockwerk lag Maimiti in den Wehen.

»Balhadi ist bei ihr«, sagte Christian. Er mußte sehr laut sprechen, um sich in dem Sturm vernehmbar zu machen. »Maimitis schwere Stunde steht nahe bevor. Hast du nach den Booten gesehen?«

»Sie sind alle weg bis auf den großen Kutter«, antwortete Smith niedergeschlagen. »Die See geht höher, als ich es je für möglich gehalten hätte. Bis vor einer Stunde war alles in Ordnung. Dann kam eine gewaltige Welle und riß die beiden

Kanus und den kleinen Kutter mit sich. Und als wir uns umsahen, bemerkten wir, daß alles, was von der ›Bounty‹ übrig war, verschwunden ist!«

Christian ging erregt im Zimmer auf und ab; von Zeit zu Zeit hielt er inne, um zu lauschen, dann blieb er plötzlich stehen und sagte zu Taurua und Jenny: »Geht zu ihr hinein; sagt ihr, daß ich zum Landungsplatz hinuntergehe und bald zurück sein werde.« Er wandte sich zu Smith: »Komm, hier kann ich in solcher Stunde nicht helfen.«

Der Sturm war im Nachlassen begriffen, als die Männer sich auf den Rückweg zu Christians Haus machten. Als sie es fast erreicht hatten, kamen Jenny und Taurua aus dem Haus, mit dem Lächeln von Frauen, die bei einem freudigen Ereignis Beistand geleistet haben. Balhadi erschien hinter ihnen. Sie rief Christian zu: »E Tamaroa!« Ein Knabe! Als Christian die Tür zur Schlafstube öffnete, sah er Maimiti auf einem Lager ruhen, das mit Decken aus Tapastoff belegt war; dicht neben ihr, bis zu den Augen in den gleichen Rindenstoff gehüllt, war das Baby, das von Zeit zu Zeit zappelte und schrie. Balhadi hob die Hülle vom Gesicht des Kindes.

»Sieh nur!« sagte sie stolz. »Hat es je einen schöneren Knaben gegeben? Und er ist in glücklicher Stunde geboren! Du kennst unseren Ausspruch: ›Ein Kind, das während des Orkans zur Welt kommt, wird in Frieden leben.‹«

Young lächelte, als Christian zurückkam. »Es ist ganz in Ordnung, daß dein Junge unser Erstgeborener ist«, bemerkte er, ihm die Hand drückend. »Wie wirst du ihn nennen?«

»Sein Name soll mich nicht an England erinnern!« entgegnete Christian. »Balhadi hat sich als wahre Freundin erwiesen, deshalb sollst du des Kindes Pate sein, Smith. Gib ihm einen Namen!«

Der Matrose grinste und kratzte sich verlegen den Kopf. »Nichts, was Sie an England erinnert . . .? Ich hab's, Sir, Sie können ihn nach dem Tag nennen, an dem er auf die Welt kam, falls Sie wissen, welcher Tag heute ist.«

Mit einem Lächeln zog der Vater den selbstgefertigten Kalender zu Rate. »Ein guter Vorschlag, Smith. Der Tag ist Donnerstag und der Monat Oktober. Donnerstag Oktober Christian soll er heißen!« Er blickte zur Tür hinaus. »Da kommen die anderen, stellt die Bänke hinaus.«

Die übrigen Meuterer und ihre Frauen näherten sich dem Haus. Der Reihe nach drückten sie Christian die Hand, während die Frauen sich neben Maimitis Lager auf den Boden setzten. Als die Bänke besetzt waren, erhob Christian seine Stimme, um das Brüllen des Sturmes zu übertönen: »Es gibt eine Frage, über die wir abstimmen müssen. Sollen wir heute eine Extraration Grog austeilen?«

Alle hoben die Hände. Als die Gläser gefüllt waren, stießen die Männer auf die Gesundheit des Neugeborenen an: »Lang soll er leben, Sir! Möge er ein ebenso guter Mann werden wie sein Vater!«

McCoy trank zuletzt. Er sog mit Wohlbehagen den Duft des Getränkes ein; dann hielt er das Glas in die Höhe und rief: »Auf unseren Erstgeborenen! Aber Sie sind mir nur um eine Nasenlänge voran, Sir. Meine Mary wird in einer Woche auch soweit sein!«

7

Als im November der warme Frühlingsregen kam, begann man, das urbar gemachte Land zu bebauen.

Der Sommer war warm und regnerisch, und die Yams gediehen gut. Als der Herbst den Boden ausgetrocknet hatte, waren die Felder zur Ernte bereit; im Juni begann der Winter des

Jahres 1791. Man war gerade zur Erntefeier versammelt, als Minarii herbeikam und Christian beiseite winkte. »Was gibt es, Minarii?« fragte dieser.
»Ich bin auf dem Grat gewesen. Als ich nach Westen blickte, bemerkte ich, daß etwas die Linie, in der das Meer und der Himmel einander begegnen, unterbrach. Es glänzte weiß in der Sonne. Ein Segel, Christian! Ein Schiff des weißen Mannes. Unsere Segel sind braun.«
»Steuert das Schiff auf Pitcairn zu?«
»Das konnte ich nicht wahrnehmen.«
Gleich darauf machte sich Christian in Begleitung Smith' auf den Weg zu der Bergspitze, auf der der Ziegenstall stand. Unterwegs machte er dem Matrosen Mitteilung von Minariis Entdeckung. So rasch klommen sie empor, daß sie keuchend oben ankamen. Der weiße Fleck am Horizont war deutlich sichtbar.
Christian reichte Smith das Fernrohr; dieser betrachtete das weit entfernte Schiff lange und sorgfältig. »Es steuert geradewegs hierher, Sir«, sagte er endlich. »Ich sehe ganz deutlich das Focksegel.«
Christian überzeugte sich bald davon, daß Smith' Beobachtung richtig war, und sie traten den Rückweg an.
»Wir haben Westwind, Sir. Das Schiff wird bald hier sein«, bemerkte Smith unterwegs.
»Ja, um die Mittagszeit wird es ganz nahe sein«, sagte Christian ernst.
Es wurde kein Wort mehr gesprochen, bis sie die Ansiedlung erreichten. Christian rief sämtliche Bewohner der Insel zusammen, unterrichtete sie von dem Herannahen des Schiffes und fuhr dann fort: »Wenn der Wind anhält, wird es in wenigen Stunden hier sein. Der Form der Segel nach zu schließen, ist es eine kleine englische Fregatte. Sie kann nicht ausgesandt worden sein, um uns zu suchen, aber es ist möglich, daß sie

Tahiti berührt hat. Dort haben sie vielleicht von der Meuterei erfahren. Was wir jetzt zu tun haben, steht fest. Wenn sie vorbeisegeln, ohne zu landen, brauchen sie nicht zu erfahren, daß die Insel bewohnt ist. Falls sie landen, müssen wir uns in den Wäldern verstecken und alles mitnehmen, was verraten könnte, daß Weiße hier wohnen.« Unter den Männern erhob sich erregtes Gemurmel. »Williams und Mills, ihr übernehmt die Schmiede. Sorgt dafür, daß der Hammer, der Amboß und die Blasebälge sorgfältig verborgen und jede Spur von Williams' Arbeit beseitigt wird. Young, deine Aufgabe ist es, den Weg von der Bountybucht nach hier zu zerstören und unkenntlich zu machen. Damit fällt dir die allerwichtigste Arbeit zu. Die Männer von Tahiti mögen dir helfen. Wälze Steine auf den Weg, als ob sie von Natur aus dort lägen, und stecke Sträucher in den Erdboden; ihr Laub wird ein paar Tage frisch bleiben. McCoy, kümmere dich um die Häuser und sorge dafür, daß nichts darin bleibt, was uns verraten könnte. Smith, du wirst ununterbrochen Ausschau halten und sofort melden, falls das Schiff seinen Kurs ändern sollte. Und wohlgemerkt, kein Feuer! Wenn sie landen, werden wir uns sogleich in die Wälder oberhalb des Tempels der Eingeborenen zurückziehen. Dort werden sie uns niemals finden!«

Mills umklammerte seine Muskete fester. »Ob sie uns nun finden oder nicht«, knurrte er, »ich habe nicht vor, mich fangen zu lassen. Wenigstens nicht, solange ich Pulver und Blei habe!«

»Bist du wahnsinnig geworden?« rief McCoy. »Ein Schuß kann uns alles verderben!«

»McCoy hat recht!« sagte Christian ernst.

Die Leute zerstreuten sich, um ihre Pflichten zu erfüllen; Christian begann, in seinem eigenen Haus das Notwendige durchzuführen.

Am frühen Nachmittag waren alle Befehle ausgeführt worden,

und die Leute versammelten sich unweit von McCoys Haus. Der Weg, der von der Bucht zur Ansiedlung emporführte, war so geschickt getarnt, daß keine Spur von ihm mehr sichtbar war.
Das Schiff war jetzt ganz nahe; Smith hatte auf einem erhöhten Aussichtspunkt Aufstellung genommen, um den anderen ein Zeichen zu geben, wenn es das nördliche Kap umsegelt haben würde.
Christian sprach zu den Männern und Frauen. »Es ist ein Kriegsschiff, und bald werden viele Fernrohre auf das Ufer gerichtet sein. Die Frauen müssen hierbleiben. Du wirst dafür Sorge tragen, Maimiti! Die Männer gehen mit mir; wir dürfen nicht gesehen werden.«
Das Schiff hatte inzwischen das Vorgebirge umsegelt und befand sich nur mehr eine Meile von der Bountybucht entfernt. Auf ein Zeichen Christians folgten ihm die Männer zu dem Aussichtspunkt, auf dem sich Smith befand. Die Stelle war durch Gebüsch verborgen und etwa dreihundert Fuß über dem Ufer. Alle bemühten sich, durch das Blätterwerk zu lugen.
Stimmen wurden vernehmbar: »Ein englisches Schiff, ohne Zweifel!«
»Eine feine Fregatte, was, Jungens?«
Während der nächsten Stunde kreuzte das Fahrzeug längs der Küste. Die Meuterer konnten deutlich die roten Röcke der Marinesoldaten erkennen. Ein Boot wurde ins Wasser gelassen; mit zwei Offizieren und zahlreichen Ruderern näherte es sich der Bucht, während die Fregatte vor Anker gegangen war. Obwohl nur eine leichte westliche Brise wehte, war die Brandung sehr stark. Einer der Offiziere im Boot stand auf; er gab ein Zeichen; die Matrosen hörten auf zu rudern. Die Wellen hoben den Kutter empor.
»Sie werden es nicht wagen!« murmelte Young. Christian nickte, ohne den Blick vom Boot abzuwenden.

»Sie sind in Tahiti gewesen, darauf könnt ihr Gift nehmen!« brummte Mills. »Gott sei für die Brandung gedankt!«
Der größere der Offiziere, seiner Uniform nach ein Leutnant, hob sein Fernrohr, um den Rand der Hochfläche abzusuchen. Lange bewegte er das Teleskop hin und her. Endlich ließ der Offizier es sinken und gab den Ruderern ein Zeichen, zum Schiff zurückzufahren. Durch sein Fernrohr beobachtete Christian, wie das Boot an der Schiffswand emporgezogen wurde. Gleich darauf entfernte sich die Fregatte in östlicher Richtung.

8

Während der Brotfruchtzeit, von November bis Mai, trugen die von den früheren Bewohnern der Insel gepflanzten Bäume mehr, als zur Ernährung der Ansiedler erforderlich war. Die langen, schlanken wilden Yampflanzen wuchsen in allen Tälern, und in den natürlichen Lichtungen gab es Tipflanzen, deren große Wurzeln gebacken vortrefflich schmeckten. Die Kokosnüsse hätten für eine zehnmal größere Bevölkerung gereicht. Die Klippen boten Überfluß an Eiern, und die jungen Seevögel selbst hatten fettes, zartes, durchaus nicht traniges Fleisch. An der Steilküste konnte man, wenn das Wetter ruhig war, Krabben fangen, und das Meer wimmelte von Fischen. Noch dazu hatten sich die Schweine und die Hühner so stark vermehrt, daß man sie in beinahe beliebiger Anzahl schlachten konnte. Als die Häuser erbaut und das Land urbar gemacht war, konnten die Meuterer daher ohne viel Arbeit leben.
Christian hatte jetzt zwei Söhne – Donnerstag Oktober und einen kleinen Charles; McCoy war Vater eines Knaben und eines Mädchens, und Sarah hatte Quintal vor kurzem gleichfalls einen Sohn geschenkt. Die erwachsene Bevölkerung

zählte jetzt sechsundzwanzig Köpfe, und die Insel hätte bequem noch fünfhundert Menschen ernähren können. Während der beiden vergangenen Jahre hatte es wenig Reibereien gegeben, denn die schwere Arbeit und das Gefühl, eine gemeinsame Aufgabe zu erfüllen, hatten ein gutes Verhältnis zwischen Weißen und Polynesiern geschaffen. Nun, als der zweite Jahrestag der Ansiedlung auf der Insel herannahte, begannen alle, das Leben leichter zu nehmen. Minarii und Tetahiti verbrachten viel Zeit auf dem Meer; sie fuhren im Kutter zum Fischfang hinaus; einige der weißen Männer gewöhnten sich an, müßig im Schatten zu liegen, während sie Eingeborene dazu zwangen, jene Arbeiten zu verrichten, die für die Frauen zu schwer waren. Williams ließ sich nur selten in der Ansiedlung blicken.

Eines Morgens fischte Tararu von den Felsen aus, die sich unterhalb Christians Haus zum Meer hinabsenkten. Tararu war der Neffe Minariis; er verbrachte einen großen Teil seiner Zeit damit, am Meeresstrand zu angeln. Das gab ihm eine Ausrede, wenn schwere Arbeiten getan werden mußten. Er hockte auf einem Felsvorsprung, so regungslos, als schliefe er, aber wenn ein Fisch anbiß, kam sogleich Leben in ihn. Gegen Mittag, als der seichte, mit Meerwasser gefüllte Tümpel, neben dem er saß, bereits reichlich mit Fischen gefüllt war, zog er sein Messer heraus, um es mit einem flachen Stein zu schärfen. Plötzlich hörte er eine Stimme rufen: »Tararu! Tararu!«

Einer seiner Landsleute kletterte über die Felsen zu ihm hinab. Tararu begrüßte ihn mit einem Heben der Augenbrauen und hielt ihm sein Messer hin.

»Sieh«, sagte er, auf die Fische deutend, »ich habe Glück gehabt! Schuppe sie ab, während ich mich ausruhe!«

Hu war ein unansehnlicher, dunkelhäutiger Mann von unterwürfigem Wesen, dessen Vorfahren durch viele Generationen

Diener der Familie Minariis gewesen waren. Er ächzte vor Schmerzen und preßte eine Hand gegen die Rippen, als er sich über den Tümpel beugte.
»Hast du dich verletzt?« fragte Tararu. »Bist du gefallen?«
»Nein, nicht gefallen«, antwortete Hu, während er begann, den ersten Fisch zu säubern, »wieder Martin!«
»Hat er dich geschlagen?«
»Ja . . . mit einer Keule.«
»Was hast du angestellt?«
Hu schüttelte den Kopf. »Angestellt? Wie kann ich das sagen! Nichts, was ich tue, stellt ihn zufrieden. Wir gingen miteinander auf das Yamfeld. Er setzte sich in den Schatten und ließ mich arbeiten. Die Löcher, die ich grub, waren entweder nicht tief genug oder sie waren zu tief. Ich legte zu viele Blätter hinein, wenn ich sie füllte, oder zuwenig; ich schnitt die Yamwurzeln für die Saat zu fein! Ich bin dein Diener und der deines Onkels, nicht Martins Sklave. Das sagte ich ihm, da schlug er mich.« Seine Hände zitterten. »Was soll ich tun? Wollt ihr mich nicht vor ihm in Schutz nehmen – du und Minarii?«
Tararu dachte eine Weile nach. »Es gibt nur eine Möglichkeit«, sagte er endlich. »Minarii will ich nicht zu sehr in Erregung versetzen, denn wenn es zu Streitigkeiten kommt, werden die Weißen uns alle mit ihren Musketen niederschießen. Töte Martin! Töte ihn auf eine Art, die niemandem verdächtig erscheint!«
Hu blickte mit funkelnden Augen auf. »Wie soll das geschehen?«
Tararu griff in den Tümpel und zog ein Lebewesen heraus, das etwa einen Fuß lang war, ein kleines Maul und einen beinahe viereckigen, schwarz und weiß gefleckten Körper hatte.
»Mit diesem Fisch«, sagte er.
»Ich habe gehört, daß er giftig ist«, nickte Hu.

»Sein Fleisch ist vortrefflich und unschädlich, wenn die Gallenblase entfernt ist. Die Galle ist farb- und geschmacklos! Vier Tropfen genügen, um einen Menschen zu töten. Presse die Galle aus und träufle sie in eine Speise. Martin wird tot sein, ehe die Sonne untergeht.«
Hu schüttelte den Kopf. »Überlasse das Vergiften den Zauberern und den alten Weibern! Nicht einmal Martin könnte ich auf eine solche Art töten!« Tararu zuckte die Achseln.
Hu fuhr fort: »Aber vielleicht ginge es auf den Klippen. Er hat mir befohlen, heute nachmittag mit ihm hinaufzusteigen. Die Vögel beginnen Eier zu legen.«
Als die Fische gesäubert und abgeschuppt waren, schulterte Hu die schwere Last und stieg mit Tararu über die steilen Felsen empor.
Einige Stunden später schlenderten Martin und Smith den Weg zum Haus der Eingeborenen entlang. Sie trugen Körbe für die Eier und Seile mit sich und fanden Hu bereits auf sie wartend. Bald standen sie am oberen Rand der steil ins Meer abstürzenden Klippen. Smith blickte über den Rand des Abgrundes hinab und befestigte ein Ende des Seiles am Stamm eines mächtigen Pandanusbaumes; dann schleuderte er das Ende über die Wand hinab und hängte sich einen Korb um den Hals. Martin hatte inzwischen sein Seil an einer etwa dreißig Meter entfernten Stelle festgemacht. Er pflegte stets einen der Eingeborenen bei diesen Expeditionen mitzunehmen, denn er war zu ängstlich und zu wenig schwindelfrei, um sich selbst hinabzuwagen. Smith umklammerte das Seil mit beiden Händen, kletterte über den Felsrand, die Sohlen seiner nackten Füße gegen das Gestein drückend. Vorsichtig ließ er sich bis zu einem fünfzig Fuß tiefer gelegenen Vorsprung hinab, der ihm bequemen Halt bot und in dessen Nähe er zwei mit Eiern gefüllte Nester erblickt hatte. Er hatte die Eier gerade in seinen Korb gelegt, als er den Lärm eines Handgemenges und wüten-

de Rufe vernahm. Einen Augenblick lang lauschte Smith angespannt, dann kletterte er, so rasch er es vermochte, an der steilen Felswand empor.
Oben angelangt, stellte er seinen Korb nieder und lief in die Richtung, aus der Martins Stimme erklang.
»So, umbringen wolltest du mich? Da, nimm das, du verdammter Schurke! Und das da, du Hund!«
Martin stand über den regungslosen, blutenden Hu gebeugt und schlug mit jedem Ausruf wild auf ihn ein. Er warf sich herum, als er Smith' Hand auf seiner Schulter spürte, und brüllte: »Der Schweinehund! Über die Felsen wollte er mich hinunterstoßen, ja, das wollte er!«
Er war im Begriff, dem Eingeborenen erneut einen Schlag zu versetzen, aber Smith' kräftiger Griff hielt ihn zurück.
»Weg da, Isaac«, bestimmte Smith; dann fragte er den auf dem Boden liegenden Mann: »Ist das wahr?«
»Ja«, stöhnte Hu, der kaum sprechen konnte, »es ist wahr!«
Martin riß sich los und wollte sich wieder auf Hu stürzen. Smith riß ihn derb zurück.
»Ich sehe nicht zu, wie du den Mann weiter mißhandelst!« rief er erbost.
»Die Pest über dich, Alex!« schrie Martin zornbebend. »Ich sage dir doch, daß er versucht hat, mich in den Abgrund zu stoßen!«
»Glaubst du, ich bin blind, Mann! Du hast ihm Grund dazu gegeben, mehr als genug Grund!«
Martin ballte die Fäuste. »Dich geht das nichts an! Mach, daß du fortkommst, sonst kriegst du meine Faust aufs Kinn!«
In nächsten Augenblick sprang er, indes seine Augen vor rasender Wut blitzten, auf Smith zu und schlug ihm mitten ins Gesicht. Der hielt den Hieb aus, ohne mit der Wimper zu zucken, und ging mit geballten Fäusten und gesenktem Kopf auf Martin los. In zwei Minuten war der Kampf vorbei; Martin

lag, von einem genau gezielten Kinnhaken getroffen, auf der Erde. Als er sich endlich, noch immer halb betäubt, aufrichten konnte, sagte Smith ganz ruhig: »Wir wollen von der Sache nicht mehr sprechen, das ist das beste. Paß gut auf, was ich dir sage, Isaac; es wird dir schlecht ergehen, wenn ich dich noch mal dabei treffe, daß du diesen Mann mißhandelst. Und du, Hu, merk es dir gleichfalls – daß du so etwas nicht noch einmal versuchst!«
Er legte die Hand an die Lippen.
»Also – schweigen! Versteht ihr?«

9

Es war eine Nacht im Februar 1792; der Himmel war wolkenlos, und der aufgehende Mond stand niedrig über dem Meer. Die Eingeborenen hatten ihre Abendmahlzeit eingenommen und lagen vor ihrem Haus im Gras, mit gedämpfter Stimme plaudernd. Zuweilen erklang leises Lachen der Frauen. Minarii lag schweigend da, die Hände hinter dem Kopf verschränkt. Tararu stand abseits, den mondhellen Pfad entlangspähend. Obgleich sie in leichtem Ton von anderen Dingen sprachen, beherrschte alle ein einziger Gedanke, denn Hutia war nicht zurückgekehrt.
Gleich den anderen hatte Tararu seit langem gewußt, wo die Frau viele Stunden des Tages zubrachte, aber bisher war sie ängstlich darauf bedacht gewesen, die Würde ihres Gatten äußerlich nicht zu verletzen. Nun aber hatten Williams' Überredungskünste sich stärker erwiesen als ihre Angst vor dem Zorn ihres Mannes. Als Minarii ein wenig den Kopf wandte, bemerkte er, daß Tararu verschwunden war. Der Mond stand schon hoch oben am Himmel, als Tararu in der Nähe von

Williams' einsamem Häuschen aus dem Dickicht huschte. Er blieb einen Augenblick lauschend stehen, ehe er in das Haus blickte. Seine Frau schlief auf einer Matte nahe dem Eingang, den Kopf auf den nervigen Arm des Schmiedes gelehnt. Eine Sekunde lang schien Tararus Leidenschaft über seine Furcht vor Williams siegen zu wollen; hätte er eine Waffe bei sich gehabt, so würde er ihn getötet haben. Hutias kleiner nackter Fuß berührte beinahe die Tür. Tararu streckte die Hand aus, um sie aufzurütteln. Zuerst murmelte sie nur einige schlaftrunkene Worte, dann, als sie beinahe von der Matte gezerrt wurde, öffnete sie die Augen.
»Komm heraus!« wisperte er wuterfüllt.
Williams fuhr auf. »Was suchst du hier?« knurrte er.
»Mein Weib!« rief Tararu. Der Schmied sprang auf. Seine Fäuste ballten sich; sein kurzer schwarzer Bart streifte Tararus Kinn. »Sie ist jetzt mein Weib! Hinaus mit dir!«
Williams sah so furchterregend aus, daß der Eingeborene die Augen niederschlug, aber sein Gefühl der Würde verbot es ihm, sich so rasch abzuwenden, wie der Schmied es ihm befohlen hatte. Als er sich endlich, zitternd vor Zorn und Erniedrigung, zum Gehen wandte, warf ihn ein mit aller Kraft geführter Hieb des Weißen zu Boden. Mühsam erhob er sich.
»Nun, wirst du machen, daß du hinauskommst?« rief Williams drohend.
Tararu biß die Zähne zusammen und hinkte über den vom Mond beschienenen Hang hinweg.
Während sich die anderen bereits zur Ruhe begeben hatten, lag Minarii noch immer völlig wach vor dem Haus der Eingeborenen, als Tararu zurückkehrte. Unbewegt lauschte er dem hastig geflüsterten verworrenen Wortschwall des anderen.
»Du nennst dich einen Mann«, sagte er verachtungsvoll nach einer kurzen Pause, »und sprichst diese Worte zu mir, die

einem alten Weibe ziemten! Wenn du die Frau zurückhaben willst, so nimm sie dir und bring sie heim!«
Tararu zögerte. »Ich versuchte es«, gab er zu, »aber Williams erwachte . . . und schlug mich zu Boden!«
»Wärst du nicht der Sohn meiner Schwester . . .«, ließ sich Minariis tiefe Stimme vernehmen. Unmutig erhob sich der Häuptling. »Ich soll mich in solche Händel mischen . . .! Doch warte hier; vielleicht werden kluge Worte dem Übel abhelfen. Wenn nicht . . .« Er zuckte die Achseln und ging.
Die Nacht war warm, und Alexander Smith arbeitete im Garten vor seinem Hause. Der Mond schien so hell, daß Smith seine Pflanzen begoß und Unkraut ausjätete, als wäre es Tag. Plötzlich wandte er den Kopf, denn er hörte Schritte. Es war Minarii, gefolgt von der schluchzenden Hutia. Als er Smith erblickte, blieb er stehen.
»Es ist gut, daß du wach bist, Alex«, sagte er. »Unfriede ist entstanden, Unfriede, der zu schlimmeren Dingen führen kann.« Und er berichtete von den Vorgängen der Nacht.
»Wo ist Williams?« fragte Smith.
»Er liegt auf dem Boden seines Hauses«, entgegnete Minarii grimmig. »Er kämpfte wie ein Mann . . . sieh nur!« Er wies auf eine große Schramme an seinem Kinn.
Smith dachte einen Augenblick nach, ehe er sprach. »Wir müssen rasch handeln. Nur Christian kann das in Ordnung bringen. Bleibe hier, während ich ihn wecke.«
Als er gegangen war, setzte sich Minarii mit dem Rücken gegen einen Hibiskusbaum; Hutia kauerte neben ihm. Mit einem Male packte er sie so hart an der Schulter, daß sie zusammenzuckte. Im Schatten des großen Baumes verborgen, sahen sie, wie der Schmied den Weg entlangging, der zu Mills' Haus führte.
Williams war nicht in der Laune, halbe Maßnahmen zu treffen. Er hinkte, und von Zeit zu Zeit blieb er stehen und spuckte

Blut. Als er Mills geweckt hatte, gingen sie gemeinsam zum Haus McCoys.
»Verflucht, ich konnte ihn nicht unterkriegen!« sagte der Schmied mit dumpfer Stimme. »Wärst du dagewesen oder Matt, so hätten wir ihn umgebracht!«
Mills brummte teilnehmend vor sich hin. »Da sind wir«, bemerkte er dann. »Ich will hineingehen und ihn holen.«
Einen Augenblick später kam er mit McCoy und Martin zurück, die sich den Schlaf aus den Augen rieben. Angespannt lauschten sie der Erzählung des Schmiedes.
»Wo sind sie jetzt?« fragte Quintal.
»Im Hause der Indios, nehme ich an.«
McCoy lächelte säuerlich. »Da wird nichts Gutes herauskommen. Die Pest über dich, John! Du hast das Weib, sooft du es willst. Und jetzt bringst du die ganze Insel in Aufregung, weil sie nachts nicht bei dir schläft?«
Williams wandte sich ärgerlich ab. »Bleib, wo du bist, wenn du nicht willst! Komm, Mills! Wir gehen die Flinten holen!«
»Ärgere dich nur nicht gleich!« besänftigte ihn McCoy. »Natürlich helfen wir dir, aber es ist eine böse Geschichte, soviel steht fest.«
»Am besten erledigen wir es gleich«, sagte Mills. »Wir müssen diese verdammten Indios Mores lehren . . . Wer kommt denn da?«
Christian stieg rasch den Weg hinan, gefolgt von Smith und Minarii. Hutia machte den Schluß. Am liebsten wäre sie ins Gebüsch entwischt, aber sie wagte es nicht. Williams wollte wütend vorspringen, als er Minariis ansichtig wurde, aber der Gedanke an Christian hielt ihn zurück.
»Was bedeutet das alles?« fragte Christian streng, als er beim Haus angelangt war.
»Ich habe gestern abend einen Entschluß gefaßt, Mr. Christian«, antwortete Williams, zwischen Respekt und Trotz

schwankend. »Ich habe der Frau gesagt, sie solle zu mir ziehen und dem Indio ein für allemal den Laufpaß geben. Er kam, um sie zurückzuholen, während ich schlief. Ich erwachte und schmiß ihn hinaus. Dann kam Minarii.« Er holte tief Atem und spuckte wiederum Blut. »Gegen den konnte ich nicht aufkommen. Was blieb mir übrig, als rasch hierherzulaufen und die anderen um Beistand zu bitten?«

»Soll der Friede des Landes gebrochen werden wegen eines leichtfertigen Weibes und zweier Männer, die vergessen, daß sie Männer sind?« fragte Christian.

»Wohl gesprochen!« nickte Minarii. »Darüber sind wir uns einig. Aber ich kann nicht ruhig zusehen, wie der Sohn meiner Schwester vor allen gedemütigt und von einem Mann gewöhnlicher Herkunft geschlagen wird, auch wenn er weiß ist.«

»Dann hole Tararu!«

Als Minarii zum Haus der Eingeborenen gegangen war, wandte sich Christian an die vier Meuterer. »Ich will die Sache hier auf der Stelle regeln«, sagte er. »Die Frau soll den Mann wählen, mit dem sie zu leben wünscht, und nachher wird es kein Murren mehr geben. Merkt euch das!«

»Das ist recht, Mr. Christian!« rief McCoy.

»Ja«, murmelte Quintal, »so ist die Sache aus der Welt zu schaffen.«

Als Minarii zurückkehrte, gefolgt von seinem Neffen, nahm Christian wieder das Wort. »Tararu«, sagte er, »höre! Das Weib soll zwischen euch wählen. Und der Mann, der zurückstehen muß, möge Frieden halten!«

Minarii sprach in barschem Ton zu Hutia. Mit niedergeschlagenen Augen und ohne einen Augenblick zu zögern ging sie auf den Schmied zu und ergriff seinen Arm.

10

Eines Nachmittags stieg Christian den steilen Weg empor, der zum Ziegenberg führte. Nachdem er den Gipfel erreicht hatte, wandte er sich dem gegen Süden führenden Grat zu. Der Pfad wurde hier so schmal, daß er kaum Halt für den Fuß bot, und der Anblick der fast senkrecht abfallenden Felsen war schwindelerregend.

Christian ging auf zwei verkrüppelte Eisenholzbäume zu, die auf diesem schmalen Bergkamm den Stürmen getrotzt hatten. Als er die Bäume erreicht hatte, ließ er sich zwischen den Wurzeln zu einem tiefer gelegenen Felsvorsprung hinab und betrat eine Höhle, deren Eingang von zwei niederhängenden Kasuarinaästen verdeckt war; sie war etwa zehn Fuß lang und gerade hoch genug, daß ein Mann darin stehen konnte. Etwa ein halbes Dutzend Musketen, wohl gereinigt und gebrauchsfähig, lehnten an einer der Wände; auch ein Pulverfäßchen, Kugeln und zwei große Wasserbehälter befanden sich in der Höhle, die geradezu eine kleine Festung war. Hier pflegte Christian manche Stunde zu verbringen, wenn er den Wunsch hatte, allein zu sein. Dann saß er am Eingang, blickte auf das weite Meer hinaus und lauschte, in Gedanken versunken, dem Donnern der Brandung, die tief unten gegen den Fuß der Felswand schäumte.

Christian ergriff eine der Flinten nach der anderen und verbarg sie samt der Munition unter den Wurzeln der Eisenholzbäume. Als nichts außer den Wasserbehältern mehr in der Höhle war, machte er sich auf den Heimweg. Zu Hause angelangt, fand er Maimiti mit ihrem Säugling Charles auf einer Matte im Schatten eines wilden Hibiskusbaumes sitzend. Nanai, Tetahitis Frau, war bei ihr. Donnerstag Oktober Christian, nun ein kräftiger, zwei Jahre alter Knabe, war zu Youngs Haus gelaufen, wo er manche Stunde mit Balhadi

und Tararu verbrachte, kinderlosen Frauen, die den kleinen Jungen zärtlich liebten.
»Komm mit mir«, sagte Christian zu seiner Frau, »ich will dir etwas zeigen. Du wirst auf das Kind aufpassen, nicht wahr, Nanai?«
»Werden wir lange fortbleiben?« fragte Maimiti.
»Vielleicht bis Sonnenuntergang.«
Sie folgte ihrem Mann über den Gipfel des Ziegenberges und den schmalen Grat zu den Eisenholzbäumen. Als er sich zu dem Felsvorsprung beim Eingang der Höhle hinabließ und ihr die Hand reichte, um ihr den Abstieg zu erleichtern, stieß sie einen Ausruf des Erstaunens aus. »Oh! Niemand kennt diesen Ort.«
»Und niemand soll ihn kennenlernen außer dir!«

Drei Jahre waren verstrichen, seit die »Bounty« Pitcairn erreicht hatte, und die kleine Niederlassung bot den Anblick eines geordneten und friedlichen Gemeinwesens.
Das Leben der Meuterer war leicht geworden, leichter, als einigen von ihnen guttat. Quintal, Martin und Mills hatten sich daran gewöhnt, den größten Teil des Tages müßig zu verbringen; die Arbeit überließen sie, soweit es möglich war, Te Moa und Nihau. Williams, der nun mit der Frau, die ihm in der Vergangenheit so viele Sorgen bereitet hatte, glücklich lebte, kam nur selten mit seinen Freunden zusammen. Smith, Young und Brown fuhren fort, fleißig zu arbeiten, Land urbar zu machen und zu bebauen und auf den Fischfang zu gehen, vor allem deshalb, weil es ihnen Vergnügen bereitete. Christian war häufig von der Ansiedlung abwesend, und auch McCoy war nur selten dort zu finden.

Gegen Abend eines Tages im Spätsommer kehrte McCoy nach Hause zurück und traf Quintal auf der Schwelle sitzend an, den

Kopf in die Hände gestützt. Er schien verdrießlich und war offenbar mit Nachdenken beschäftigt, einer Arbeit, die ihm stets große Mühe machte.
»Was ist los?« fragte McCoy.
»Diese Indios soll der Teufel holen!«
»Was haben sie dir getan?«
»Dieser Minarii . . .! Ich spazierte zu der Stelle hinaus, die ich von Te Moa bearbeiten lassen möchte, du weißt, welche ich meine . . . Dort traf ich Minarii, der Bäume fällte. ›Hacke so viele Bäume um, wie du willst‹, sagte ich zu ihm, ›aber vergiß nicht, dieses Tal gehört mir!‹ Er sah mich so frech an wie ein Feldwebel. ›Dir‹, rief er, ›dir? Das Land gehört uns allen!‹ «
»Bist du ihm übers Maul gefahren, wie sich's gehört?«
Quintal schüttelte den Kopf. »Dann hätte es Blutvergießen gegeben.«
McCoy nickte. »Du hast recht. Mit dem Burschen ist nicht gut Kirschen essen. Wir werden erst Ruhe haben, wenn wir das Land aufgeteilt haben.«
»Ja, wie sollen wir das aber machen?«
»Wir haben das Recht, abzustimmen; ich werde mit Williams, Martin und Mills sprechen; wir werden fünf gegen vier sein. Dann gehen wir zu Christian.«
Quintal schlug sich mit seiner mächtigen Tatze aufs Knie, daß es klatschte.
»Du hast Grütze im Kopf! Jawohl, jeder von uns Engländern soll ein Stück Land haben; die anderen soll der Teufel holen.«
»Stimmt! Das Hemd ist einem näher als der Rock!« sagte McCoy mit einem pfiffigen Lächeln.
Am nächsten Abend, als Tetahiti, mit reicher Beute beladen, vom Fischfang zurückkehrte und unterwegs ein wenig rastete, hörte er plötzlich Schritte. Er blickte auf und sah Te Moa eilig auf sich zukommen.
»Ich wollte dir die Fische tragen helfen«, sagte Te Moa.

»Bleibe ein wenig hier, während ich mich ausruhe«, meinte Tetahiti, »dann kannst du die Fische zum Haus tragen. Es ist genug für alle.«
»Ich muß sprechen!« sagte Te Moa nach einem kurzen Schweigen. »Ich halte es nicht länger aus!«
»Mißhandeln dich die weißen Männer wieder?«
»Sie behandeln mich wie einen Hund! Quintal sitze den ganzen Tag in seinem Haus wie ein großer Häuptling. McCoy ist immer in den Wäldern; ich glaube, er trifft sich heimlich mit einer Frau. Am Anfang konnte ich die Männer gut leiden; aber sie haben sich verändert. Ich bin nichts anderes mehr als ihr Sklave. Hast du Quintals Blick gesehen? Ich habe Angst vor ihm. Ich glaube, er wird wahnsinnig.«
»Ja, ich sah ihn, wie er auf der Schwelle saß und mit sich selber sprach.«
»Sag, was kann ich tun? Wenn ich ein Wort spreche, so schlagen sie mich, er und McCoy.«
Zornesröte trat in Tetahitis Wangen. »Sie sind Hunde, der Verachtung eines Häuptlings würdig! Sie sollen selber arbeiten. Geh nicht mehr in ihr Haus!«
»Ich fürchte Quintal. Er wird mich holen kommen.«
»Er soll es versuchen!« rief Tetahiti drohend. »Ich werde ihn empfangen. Wir sind geduldig gewesen, in der Hoffnung, Blutvergießen zu verhindern. Wenn er dich vor den anderen demütigt, wird Christian all dem ein Ende machen.«
Er erhob sich und half Te Moa, die schwere Last der Fische auf die Schulter zu heben.
Als Te Moa eine halbe Stunde später in Quintals Haus erschien, um Sarah ein Stück Fisch zu bringen, fand er die Frau allein.
»Sie sind zu Christian gegangen«, erklärte Mary, »um eine Sache zu beraten, die sie alle angeht. Warte bis morgen, ehe du deine Fische verteilst.«

Die Sonne war untergegangen, und die Meuterer saßen im Zwielicht auf dem Rasen vor Christians Haus. Christian selbst saß mit Young auf einer Bank den Leuten gegenüber. Williams erschien als letzter. Das Stimmengewirr verhallte, als McCoy aufstand.

»Mr. Christian«, sagte er, »da ist eine Sache, die nicht leichtzunehmen ist. Sie haben Kinder, Mr. Christian, geradeso wie ich und John Mills und Matt Quintal dort. An die müssen wir denken und an die Zukunft. Man arbeitet am besten auf seinem eigenen Land. Die Zeit ist gekommen, meine ich, wo wir die Insel aufteilen sollten.«

Christian nickte. »Ganz recht, McCoy!« sagte er. »Young und ich sprachen erst vor einigen Tagen davon. In der Tat arbeitet man mit mehr Freude, wenn es auf eigenem Grund und Boden geschieht, und auf diese Art wird es keinen Grund zu Streitigkeiten geben, wenn wir einmal tot sind. Die Insel kann so geteilt werden, daß jeder soviel erhält, wie er zum Leben braucht. Es wird kaum notwendig sein, darüber abzustimmen. Oder ist einer da, der etwas dagegen hat?«

»Ich nicht, Mr. Christian!« rief Smith, und die anderen stimmten ein: »Wir auch nicht! Wir auch nicht!«

»Dann brauchen wir nur die Insel sorgfältig zu begehen und dafür zu sorgen, daß keiner benachteiligt wird. Ich werde versuchen, die Grenzen gerecht festzusetzen. Heute in vierzehn Tagen könnten wir wieder zusammenkommen.«

»Sie haben keine schwere Arbeit, Mr. Christian«, bemerkte McCoy. »Die Insel teilt sich beinahe von selbst in neun Teile.«

»Neun?« rief Christian. »Vierzehn willst du sagen!«

»Sie rechnen doch nicht am Ende die Indios mit, Mr. Christian?«

»Wollt ihr sie vielleicht übergehen?«

»Wir denken nicht daran, mit ihnen zu teilen!«

Christian unterdrückte mühsam seinen Zorn. »Und das hältst du für gerecht, McCoy?« fragte er ruhig.
Alexander Smith nahm das Wort: »Denk an Minarii, Will! Und an Tetahiti! Was würden die sagen, wenn wir es so machen, wie du es vorschlägst? Es ist mehr als genug Land da für fünfmal mehr Leute, als wir sind. Wir würden Narren sein, wenn wir uns die Indios zu Feinden machen!«
»Wir müssen an uns selber denken«, wandte McCoy eigensinnig ein, »an uns und unsere Kinder. Die Indios können das Land bearbeiten und sollen einen Anteil an dem, was wir ernten, bekommen.«
»Der Ansicht bin ich auch!« stimmte Martin zu.,
»Ich bin auf eurer Seite, Jungens!« rief Quintal, und Mills sagte: »Ja! Wohl gesprochen!«
»Hört mich an!« rief Christian rasch. »Denkt an die Folgen einer solchen Maßnahme. Ihr versteht alle ein wenig die Sprache der Eingeborenen. Sie haben ein Wort, Oere, der stärkste Ausdruck der Verachtung. Es bezeichnet einen Mann ohne Land. Zwei der vier Indios waren Häuptlinge und große Grundbesitzer in ihrem eigenen Land. Wollt ihr hier Oere aus ihnen machen? Sklaven, die auf eure Almosen angewiesen sind? Wir haben mehr als genug Land, wie Smith ganz richtig bemerkte. Die Eingeborenen auszuschließen wäre Wahnsinn! Wollt ihr sie euch zu Feinden machen, die nur an Rache denken und euch von Tag zu Tag mehr hassen? Irrt euch nicht! Ich würde genauso empfinden, wenn ich so behandelt würde, wie ihr diese Leute behandeln wollt, die eure Freunde gewesen sind!«
McCoy schüttelte den Kopf. »Ich kann das nicht einsehen, Mr. Christian. Wir müssen an uns selber denken, und wir haben das Recht, eine Abstimmung zu verlangen – das haben Sie uns versprochen!«
»Christian hat recht!« sagte Young. »Was ihr vorhabt, ist

Tollheit. Es würde sicherlich ein Blutvergießen zur Folge haben!«
»Wir verlangen eine Abstimmung, Sir«, knurrte Mills, »und zwar sofort!«
»Ihr habt dieses Recht«, sagte Christian sehr ernst. »Paßt auf, daß ihr es nicht mißbraucht! McCoys Vorschlag ist Wahnsinn, gefährlicher Wahnsinn! Aber es sei . . . Sollen wir die Insel in neun Teile teilen und die Indios ausschließen?«
McCoy hob die Hand. Quintal, Mills, Williams und Martin taten das gleiche. Sie waren fünf gegen die vier anderen.
»Auf folgendem bestehe ich«, sagte Christian nach kurzem Schweigen. »Die Entscheidung ist so wichtig, sie kann so verhängnisvolle Folgen haben, daß ihr es euch noch einmal gründlich überlegen müßt. In einem Monat werden wir erneut zusammenkommen. Ich hoffe, daß der eine oder der andere von euch seine Ansicht nach reiflichem Nachdenken ändert. Ich wiederhole – der Schritt würde die Vernichtung unserer Gemeinschaft bedeuten! Also überlegt es euch gut, und ehe ihr geht, soll mir jeder von euch versprechen, daß er den Indios gegenüber kein Wort darüber verliert.«
In den folgenden Wochen bauten Minarii und Moetua ein Haus in dem kleinen Tal, das Quintal als sein Eigentum betrachtete.
Der Häuptling hatte Quintals Warnung, daß er hier als Eindringling zu betrachten sei, mit Verachtung aufgenommen. Das Haus war klein, da er allein mit Moetua darin wohnen wollte, aber hübsch und massiv gebaut, mit gelben Pandanusblättern gedeckt und einem sauber mit Sand belegten Boden aus flachen Steinen versehen.
Eines Nachmittags erwachte Tetahiti aus seinem Mittagsschlaf, zu dem er sich auf einer Matte in der Nähe seines Hauses ausgestreckt hatte. Als er den Schritt seiner Frau hörte, richtete er sich gähnend auf. Nanai war ein anmutiges junges

Weib von heller Hautfarbe, still und zurückhaltend, eine Feindin von Klatsch und Geschwätz.

»Tetahiti«, sagte sie ernst, »ich muß dir etwas sagen, solange wir allein sind. Du mußt es erfahren, obgleich ich nicht glauben kann, daß es wahr ist . . .« Er nickte ihr aufmunternd zu, und sie fuhr fort: »Susannah erzählte es mir, doch mußte ich ihr schwören, es für mich zu behalten. Sie hat es von Martin, sagte sie mir. Wenn du weißt, um was es sich handelt, wirst du verstehen, warum ich mein Versprechen nicht halte!«

»Erzähle!« forderte Tetahiti sie ein wenig ungeduldig auf.

»Susannah sagt, daß die Weißen ohne unser Wissen eine Versammlung abgehalten und beschlossen haben, die Insel aufzuteilen und die Grenzen zwischen dem Besitz der einzelnen Männer durch Steine zu bezeichnen. Ihr braunen Männer sollt von dieser Teilung ausgeschlossen werden, so daß ihr von nun an Oere sein werdet, Sklaven, die das Land der anderen bebauen müssen.«

Tetahiti lachte verächtlich. »Weibergeschwätz! Du kennst Christian schlecht, wenn du annimmst, daß er so etwas zulassen würde.«

»Ich sagte dir ja bereits, daß ich es nicht glaube!« bemerkte Nanai. Sie ging, ein wenig ärgerlich. Der Mann legte sich wieder nieder und kreuzte die Hände hinter dem Kopf. Obgleich er Susannahs Erzählung keinen Glauben schenkte, ging ihm die Sache doch nicht aus dem Kopf, und allmählich, als ihm gewisse Dinge einfielen, denen er bisher kaum Beachtung geschenkt hatte, begann er argwöhnisch zu werden. Er erhob sich und machte sich auf den Weg zu Martins Haus. Dort fand er Susannah allein.

»Ist die Geschichte, die du Nanai erzählt hast, wahr?«

»Sie hat es dir gesagt?«

»Ja. Es war ihre Pflicht. Hast du dir das alles ausgedacht?«

»Ich sagte ihr nur, was ich von Martin hörte . . .«

Plötzlich erschien Martin, der in der Nähe geschlafen hatte. Er hinkte auf Tetahiti zu. »Was willst du hier?« fragte er unfreundlich.
Tetahiti blickte geringschätzig auf den Seemann nieder. »Die Wahrheit will ich erfahren. Ich glaube, daß das, was du dieser Frau berichtet hast, Lüge ist.«
»Was meinst du?« fragte Martin.
»Daß ihr Weißen das Land zwischen euch aufgeteilt habt!«
Martin stand mit niedergeschlagenen Augen da. »Das stimmt nicht«, murmelte er.
Mit einem Satz war der Eingeborene bei ihm, packte ihn am Hals und schüttelte ihn wütend. »Du lügst! Sprich die Wahrheit, sonst erwürge ich dich!« Dann ließ er Martin los, der sich mit zitternden Knien duckte. »Habt ihr einen solchen Beschluß gefaßt?«
Nur widerwillig blickte der Seemann in die zornigen Augen des Eingeborenen.
»Ja«, antwortete er mürrisch.
»Und wir sollen leer ausgehen?«
Martin nickte stumm. Noch wütender fragte Tetahiti: »Christian hat seine Zustimmung gegeben?«
»Ja.«
Ohne ein weiteres Wort wandte sich Tetahiti um und ging rasch auf Christians Haus zu.
Er traf Christian auf seiner Lagerstatt ruhend an.
Ehe dieser ein Wort sprechen konnte, beugte sich Tetahiti über ihn und zischte ihn an: »Ist es wahr, daß ihr Weißen es gewagt habt, das Land zwischen euch aufzuteilen und uns zu Sklaven zu machen?«
»Wer sagt dir das?«
»Das tut nichts zur Sache! Ist es wahr?«
»Ja . . . nein . . .«, stammelte Christian, durch die Plötzlichkeit der Frage verwirrt. »Laß dir erklären . . .«

»Erklären! Es gibt nichts zu erklären. Ich schäme mich, dich für meinen Freund gehalten zu haben! Ein Häuptling willst du sein? Du bist nicht besser als Quintal und auch nicht besser als Martin!«
Mit diesen Worten stürzte der Eingeborene wieder aus dem Haus.
»Warte!« rief ihm Christian voll Bestürzung nach. Aber Tetahiti wandte sich nicht um.

Es war später Nachmittag geworden. Die Bäume im unteren Teil von Quintals Tal erschimmerten im zarten Grün des jungen Laubes. Schon als Tetahiti noch ziemlich weit von Minariis neuem Haus entfernt war, verspürte er einen leichten Brandgeruch; als er aufblickte, bemerkte er, daß eine Rauchsäule über den Wipfeln der Bäume emporstieg. Als er den Rand der Lichtung betrat, stieß er einen Schrei des Erstaunens aus.
Nur ein Haufen rauchender Asche bezeichnete die Stelle, wo das neuerrichtete Haus sich erhoben hatte. Ganz in der Nähe stand starr und unbeweglich der Häuptling. Minarii wandte das Haupt, als Tetahiti sich näherte.
»Was hat sich ereignet?«
»Ich sah nicht, wie es geschah. Aber es ist Quintals Werk!«
Eine Weile schwiegen die beiden Männer, die rauchende Asche mit finsterem Blick betrachtend. Endlich sagte Tetahiti:
»Wir wollen uns niedersetzen, Minarii. Ich habe dir Wichtiges zu berichten.«

11

In der folgenden Nacht überschritt Minarii den Bergkamm, wanderte jenseits den Abhang hinab und dann wieder zu der Schlucht empor, in der der Tempel der Eingeborenen stand. Der Pfad, der zu dieser Schlucht führte, war steil und wand sich zwischen Felsblöcken und den Wurzeln riesiger Bäume dahin, aber Minarii kannte hier jeden Schritt und kam trotz der Dunkelheit rasch an sein Ziel, einen Felsen, der den Weg fast versperrte.
Hier blieb er stehen.
»Tetahiti?« rief er mit leiser Stimme.
»Hier bin ich«, ertönte die Antwort dicht neben ihm.
»Die anderen sind gekommen?« fragte er.
»Wir sind hier«, antwortete eine Stimme.
»Wer spricht? Nihau?«
»Ja.«
»Hört gut zu!« sagte Minarii. »Im Hause Quintals und McCoys waren, wie ihr wißt, zwei Musketen. Ich habe sie weggenommen, mit dem Pulver und den Kugeln, die dazugehören. Du hast getan, was wir vereinbart haben, Tetahiti?«
»Ich habe die Flinten aus Youngs Haus, und Nihau hat die von Mills und Martin. Auch Pulver und Blei genug, um sie zwanzigmal zu laden.«
»Werden denn die Waffen nicht vermißt werden?« fragte Nihau.
»Mit dieser Gefahr müssen wir rechnen«, sagte Minarii, »sie läßt sich nicht vermeiden. Du hast deine Axt, Te Moa?«
»Ja, und mein Dolchmesser.«
»Ich habe meine Eisenholzkeule«, sagte Nihau. »Es ist mir egal, ob ich eine Flinte habe oder nicht.«
»Du sprichst töricht«, wies Minarii ihn zurecht. »Unsere Absicht ist, sie zu töten, und zwar rasch. Auch ich habe meine

Keule, aber ich nehme auch eine Muskete, und du sollst das gleiche tun.«
»Es muß nun beschlossen werden, ob das Leben eines von ihnen geschont werden soll.«
Die Diskussion darüber war hitzig und dauerte bis in die Morgenstunden. Dann war man sich einig geworden: Keiner der Weißen sollte überleben.

Nahe der Bergspitze warteten Minarii und Nihau, so gut verborgen, daß niemand ihre Anwesenheit hätte ahnen können. Die Sonne war noch nicht lange aufgegangen, als auf dem Weg, der zum Kamm emporführte, Stimmen hörbar wurden. Bald darauf erschien Mills, gefolgt von Martin. Ihre Oberkörper waren unbekleidet, und sie trugen oft geflickte, beim Knie abgeschnittene Matrosenhosen. Als sie die Höhe erreicht hatten, blieben sie stehen. Martin setzte sich auf den Boden, um ein wenig zu verschnaufen.
»He, war das nicht ein Schuß?«
»Ja. Wird wohl Williams gewesen sein. Er ist wieder einmal auf der Schweinejagd, nehme ich an. Aber komm jetzt, wir haben genug Arbeit vor uns.«
»Verflucht, John! Kannst du nicht einmal eine halbe Stunde ausruhen? Es ist noch früh am Tage.«
»Faulenze weiter, wenn du willst, ich gehe.«
»Komme gleich nach«, sagte Martin.
Mills machte sich auf den Weg und war jenseits des Kammes bald den Blicken des anderen entschwunden.
Nihau wandte sich leise um und wollte mit einem Blick auf Minarii seine Flinte in Anschlag bringen. Der Häuptling aber hielt ihn zurück, denn Tetahiti und Te Moa näherten sich Martin, halb verborgen von hohem Farnkraut. Als sie bei ihm waren, nickte ihnen Martin herablassend zu.
»Gib mir die Flinte«, sagte er zu Te Moa. »Ich will dir

zeigen, wie man mit einer Muskete umgeht; da kannst du was lernen!«

Mit katzenartiger Geschwindigkeit hatte ihn Tetahiti beim Handgelenk gepackt. Im gleichen Augenblick tauchten Minarii und Nihau aus dem Gebüsch auf. Seine Flinte Te Moa übergebend, trat Nihau vor und ergriff Martins anderen Arm. Ehe der Weiße Widerstand leisten konnte, sah er sich schon in die Richtung zum Auté-Tal gezerrt. Vergeblich suchte er sich loszureißen.

»Was wollt ihr von mir?« schrie er mit bebender Stimme. »Te Moa . . .! Nihau . . .! Um Gottes willen, könnt ihr denn nicht sprechen?«

Plötzlich versagten ihm die Beine, und er sank in die Knie. »Tragt ihn!« gebot Minarii. Endlich kamen sie zu einer Stelle, wo eine große Menge Reisig als Brennmaterial aufgestapelt war. Auf ein Zeichen des Häuptlings nahm Te Moa das dolchartige Messer, das an seinem Gürtel hing, und trat einen Schritt zurück.

»O mein Gott . . . nicht . . . nicht . . . bringt mich nicht um . . .!« Dann entrang sich Martins Kehle ein markerschütternder Schrei, aber schon hatte sich Te Moa auf ihn gestürzt. Mit einem einzigen, mit aller Kraft geführten Hieb trennte er sein Haupt vom Rumpf.

Kaum war der Todesschrei des Ermordeten verhallt, als Mills am Rande der Lichtung erschien, die Axt in der Hand. Plötzlich sprang Nihau zwischen den Bäumen hervor und schlug dem Nichtsahnenden, ehe dieser auch nur daran denken konnte, sich zu wehren, mit seiner Keule den Schädel ein.

Auf einem von hohen Bäumen beschatteten Hügel am westlichen Abhang des Bergkammes erhob sich der Schuppen, in dem die gemeinschaftlichen Vorräte und Werkzeuge aufbewahrt wurden und zu dem Christian den Schlüssel hatte.

Unweit dieses Schuppens verbarg sich Minarii im hohen Farnkraut. Nach langem Warten sah er Christian herannahen, eine Axt in der Hand. Minarii prüfte sorgsam die Ladung seiner Flinte; er wartete, bis er das gleichmäßige Geräusch der Axthiebe hörte. Leise schlich Minarii näher. Nun war er nur noch zehn Schritte entfernt.
»Christian!« rief er ruhig.
Christian wandte den Kopf. Als er sah, wer es war, lehnte er die Axt gegen den Baum. »Oh, Minarii.« Er streckte sich und ging auf den Häuptling zu. Plötzlich schwand das Lächeln aus seinen Zügen.
»Was gibt es, Minarii?«
Einen Augenblick lang blickten die beiden Männer einander ins Auge. Minarii griff mit beiden Händen nach seiner Flinte. Ein Ausdruck des Erstaunens, der Ungläubigkeit trat in Christians Augen, gefolgt von der Erkenntnis höchster Gefahr. Rasch trat er zurück und griff nach der Axt. Blitzschnell erhob Minarii die Waffe und feuerte. Christian wankte, sank in die Knie. Dann fiel er vornüber und regte sich nicht mehr.

12

Alexander Smith' Taro-Garten lag auf sumpfigem Boden etwa fünf Minuten von der Ansiedlung entfernt. Smith jätete gerade Unkraut aus, als er plötzlich seinen Namen rufen hörte. Jenny tauchte aus einem Gebüsch auf und rannte schnurstracks auf ihn zu.
»Was ist los, Jenny?« Smith unterbrach seine Arbeit.
»Komm rasch!« rief sie mit einer Stimme, die heiser war vor Entsetzen. Sie lief ihm voran, bis sie den schützenden Wald

erreicht hatten. Keuchend, unfähig zu sprechen, blieb sie stehen, streckte ihre mit Blut beschmierten Hände aus. Dann brach es aus ihr hervor: »Es ist Browns Blut, nicht meines, das du hier siehst! Tetahiti hat ihn ermordet! Sie sind alle beisammen, Tetahiti, Minarii, Nihau, Te Moa. Sie haben Musketen, Keulen, Messer. Drei der Weißen sind schon tot. Wo ist Christian?«

»Im Auté-Tal . . .«

»Dann wird er auch tot sein! Komm rasch! Bewaffne dich!«

»Warte, Jenny! Du sagst . . .«

Vom Osten her ertönte ein Schuß.

»Da! Glaubst du mir jetzt?« Sie wandte sich um und eilte den Abhang zu den Häusern hinab. Smith lief hinter ihr her und packte sie bei der Hand. »Tu, was ich dir sage, Jenny. Young schläft in seinem Haus. Geh und warne ihn. Sag ihm, daß ich zu ihm kommen werde. Ich muß nur noch Christians Flinte holen.«

Die Frau nickte und verschwand.

Alles war still in Christians Haus. Die Tür stand offen. Smith schlich vorsichtig hinein. Balhadi lag schlafend auf dem Boden nahe der Tür, die zu Maimitis Zimmer führte. Smith berührte sanft ihre Schulter. Sie fuhr auf und rieb sich die Augen. »Oh, du bist es, Alex. Pst! Wir dürfen Maimiti nicht stören. Sie schläft!«

»Wo ist Christians Flinte, Balhadi?«

»Seine Flinte? Warte . . . Ja, sie hängt an der Wand im anderen Zimmer.«

»Hol sie, auch Pulver und Kugeln!«

Balhadi brachte das Verlangte. »Was gibt es, Alex?« fragte sie leise.

Smith flüsterte ihr zu, sie möge ihm in das Nebenhaus folgen, das als Vorratshaus diente.

»Höre, Balhadi; was du befürchtet hast, ist geschehen. Die

Maoris töten die weißen Männer. Du mußt bei Maimiti bleiben. Sag ihr nichts . . .«

Dann lief Smith, den gebahnten Weg vorsichtig vermeidend, zu Youngs Haus. Jenny, Prudence und Tararu standen auf der Schwelle.

»Ned ist nicht hier«, berichtete Tararu mit zitternder Stimme.

»Ich muß Christian finden, wenn er noch am Leben ist«, sagte Smith. »Ihr geht auf die Suche nach Young, alle drei. Wenn ich erfahre, daß die anderen tot sind, verberge ich mich nahe dem Ziegenstall. Young soll dort zu mir stoßen.«

Einen Augenblick später war er im Wald verschwunden. Die drei Frauen machten sich in verschiedenen Richtungen auf die Suche. Tararu fand Young schlafend auf einem begrasten Abhang. Sie rüttelte ihn wach und unterrichtete ihn rasch von dem Vorgefallenen. Schweigend starrte er sie an.

»Ned! Bist du wach?« schrie sie. »Verstehst du, was ich dir gesagt habe?«

»Nur zu gut.«

Der Weg zum Haus war nicht weit. Prudence und Jenny waren schon zurückgekehrt. Von den Fenstern im ersten Stockwerk aus hielten sie Ausschau. Young und Tararu hatten gerade das Haus betreten, als Prudence leise die Warnung ausstieß: »Verbirg dich, Ned . . .! Minarii!«

Tararu packte Youngs Arm und zog ihn ins Nebenzimmer. Zwei große Schränke standen dort. Young kauerte sich zwischen ihnen nieder; Tararu warf ein großes Stück Tapa über ihn. Jenny verbarg sich hinter den Vorhängen der Bettstatt. Prudence blieb beim Fenster. Leise sang sie ihrem Kind ein Lied vor. Tararu eilte in die Wohnstube zurück und setzte ihre Arbeit fort, die sie am Morgen begonnen hatte. Minarii erschien auf der Schwelle. Er trug jetzt nur eine Muskete bei sich. Tararu blickte auf, mit einem Versuch zu lächeln. Zu sprechen wagte sie nicht, aus Angst, der Klang ihrer Stimme könnte sie verraten.

»Wo ist Young hingegangen, Tararu?« fragte der Eingeborene.

»Er fischt drunten in der Bucht. Schon am frühen Morgen ging er fort.«

Der Häuptling blickte sich in der Stube um, dann nickte er den beiden Frauen zu und ging. Einen Augenblick später rannte Young aus dem Haus und verschwand im Wald.

Die drei Frauen saßen auf der Bank vor der Haustür und sprachen leise miteinander.

»Tetahiti ermordete meinen Mann!« berichtete Jenny mit blitzenden Augen. »Das Tier! Der elende Hund! Dann fesselte er mich, aber ich konnte mich befreien.«

Sie barg ihr Gesicht in den Händen, von Grauen geschüttelt. Aber sie weinte nicht. Noch war die Zeit für Tränen nicht gekommen.

Sie sprachen mit leiser Stimme, warteten, lauschten. Aber sie hörten nichts als das Krähen der Hähne im Wald und das Rauschen des Windes in den Ästen. Prudence' Kind erwachte und begann zu weinen. Sie nahm es auf den Arm, beruhigte es. Tararu legte eine Hand auf Jennys Arm. »Horch!« Mary und Sarah tauchten aus dem Walde auf, die Kinder auf dem Arm. Tararu und Jenny liefen ihnen entgegen. Mary schluchzte hemmungslos. »Du weißt es, Tararu? Sind sie hier gewesen?« stieß sie mühsam hervor.

»Sagt uns rasch . . . sind eure Männer auch tot?«

»Sie müssen tot sein!« flüsterte Sarah. »McCoy hat nur sein Messer. Quintal hat gar keine Waffe. Wie könnten sie entkommen? Prudence! Weißt du, daß dein Mann tot ist?«

Sarah mußte sich fassen, ehe sie weiter Auskunft geben konnte. »Ich brachte meinem Mann eine Axt, die ich für ihn geschliffen hatte. Da kamen Minarii und Te Moa und nahmen sie mir ab. Im gleichen Augenblick trat mein Mann aus dem Wald, ein Bündel Bretter auf der Schulter. Ich warnte ihn . . . schrie. Minarii und Te Moa schossen auf ihn, aber sie müssen ihn verfehlt haben, denn er rannte in den Wald zurück.«

»Und McCoy?«

»Er war noch im Haus. Ich lief hinein, um ihn zu warnen, und ehe sie kamen, um ihn zu suchen, konnte er flüchten.«

Tararu blickte auf den Weg hinaus.

»Ich muß zu Maimiti zurückkehren. Balhadi sitzt allein bei ihr. Bleibt hier, ihr drei!«

»Und ich soll untätig zusehen, wie alle unsere Männer ermordet werden?« rief Jenny. »Nein, das tue ich nicht!«

»Wie kannst du helfen?«

»Eines zumindest kann ich tun. Mein Mann liegt vor unserem Haus auf der Erde, eine Beute der Ameisen. Seine Leiche soll nicht länger dort liegen. Kommst du mit mir, Prudence?«

»Nein, nein, Prudence! Bleibe bei mir!« bat Sarah. »Laßt mich nicht allein mit Mary!«

»Hier kann dir nichts geschehen«, sagte Tararu. »Wenn sie die Absicht gehabt hätten, uns zu töten, hätten sie es dann nicht schon längst getan? Jenny hat recht. Es muß etwas geschehen, um unseren Männern zu helfen. Geh, Jenny, suche Hutia. Sie wird dich begleiten. Wenn du die Leiche deines Mannes geborgen hast, versuche herauszubekommen, wer noch am Leben ist. Suche Alex und Young; laß sie wissen, daß wir glauben, McCoy und Quintal seien noch am Leben.«

»Ich gehe«, sagte Jenny.

Es war am späten Nachmittag. Prudence saß allein auf der Bank vor Youngs Haus, Sarah und Mary waren drinnen. Drei

Stunden waren vergangen, und nichts war während dieser Zeit zu hören, nichts zu sehen gewesen.
Dann kam Tararu wieder. »Jenny ist noch nicht zurückgekehrt?« fragte sie.
Prudence schüttelte den Kopf. »Wir haben niemanden gesehen, seit du weggegangen bist.«
Nun, da Tararu wieder da war, wagten sich Mary und Sarah zur Bank vor dem Haus. Dort saßen die Frauen, sprachen kaum, blickten von Zeit zu Zeit angstvoll auf den Weg.
Die Sonne verschwand bereits hinter dem westlichen Bergkamm, als Jenny zurückkehrte. Hutia und Susannah begleiteten sie. Ihre Taparöcke waren zerrissen und schmutzig und ihre Arme und Beine mit Schrammen bedeckt.
Die Frauen atmeten mühsam. »Gebt uns Wasser«, sagte Jenny, »unsere Kehlen sind trocken.« Sie tranken gierig. »Wir haben Minarii und Nihau gesehen, sonst niemanden. Sie kamen ganz dicht an der Stelle vorbei, an der wir verborgen lagen. Hätten wir Flinten gehabt, wir hätten sie erschießen können.«
»Dort, wo Christian in den letzten Tagen gearbeitet hat«, setzte Hutia hinzu, »sahen wir eine Axt an einen halb durchgesägten Baum gelehnt. In der Nähe waren Blutspuren, aber was geschehen ist, konnten wir nicht herausbekommen. Wir suchten überall, doch wir fanden ihn nicht.«
»Wir wollen hoffen, daß alle, die noch leben, jetzt beieinander sind«, sagte Tararu.
»Aber was können sie tun, da sie keine Waffen haben?«
»Ned hat eine Muskete, Smith einen Säbel. Quintal ist geradeso stark wie Minarii. Er hat sich sicherlich im Wald eine Keule geschnitten. Wir haben noch Grund zu hoffen, sage ich euch!«
»Glaubst du, daß Minarii aufhören wird, ehe alle tot sind? Niemals! Er weiß wohl, daß er selbst seines Lebens nicht sicher ist, solange noch einer der Weißen lebt!«
»Du hast recht!« nickte Susannah bekümmert. »Wir werden

keinen Frieden haben, solange nicht die einen oder die anderen vollkommen vernichtet sind.«
»Wer will Frieden, solange die vier Mörder am Leben sind!« rief Jenny leidenschaftlich. »Ich sah Tetahiti meinen wehrlosen Mann niederschießen. Glaubst du, daß ich ruhen werde, ehe er selbst tot ist?«
Ein Flintenschuß ertönte ganz in der Nähe. Die Frauen erhoben sich rasch und blickten einander an.
»Wir wollen hineingehen und das Haus bereitmachen«, sagte Tararu. »Vielleicht sind einige der weißen Männer auf dem Weg hierher, um sich zu verteidigen.«
»Und einer von ihnen liegt vielleicht tot – hier in der Nähe«, rief Jenny aus. »Ich muß wissen, was geschehen ist . . .« Und ohne ein weiteres Wort lief sie in den Wald hinein.
Sie folgte der Richtung, aus der der Schuß gekommen war. Jenseits des Waldes war bebauter Boden. Niemand war zu sehen. Schon wollte sie ihren Weg an den Pflanzungen vorbei fortsetzen, als sie, halb von Pisangsträuchern verborgen, einen Säbel auf der Erde liegen sah. In der Nähe war das Gras von frischem Blut rot gefärbt; Fußspuren zeigten sich im feuchten Erdreich. Und dann stieß sie auf Alexander Smith, der leise stöhnend auf dem Boden lag. Sie kniete neben ihm nieder und richtete ihn auf. Sein Kopf lehnte an ihrer Schulter. Dann öffnete er wie schlaftrunken seine Augen.
»Jenny?« flüsterte er.
Die Kugel war in seine Schulter gedrungen und beim Hals herausgekommen. So schnell sie konnte, rannte Jenny zum Haus zurück und kehrte gleich darauf mit Tararu und Hutia zurück. Mühsam hoben sie ihn auf. Eine Viertelstunde später war er auf Youngs Lagerstatt gebettet. Susannah brachte Wasser herbei, während Tararu und Jenny das Blut stillten und die Wunde verbanden. Smith war jetzt bewußtlos und sein Gesicht geisterhaft blaß. Hutia hielt bei der Tür Wache, Prudence beim

Fenster. Die Sonne war untergegangen; es wurde immer dunkler im Raum.
»Sie haben ihn für tot gehalten«, sagte Jenny.
»Wir müssen bereit sein, wenn sie kommen. Ich hole jetzt Balhadi. Wenn ihr einen von ihnen kommen seht, bedeckt Alex sogleich mit einem Tapamantel, so als ob er tot wäre, und kniet alle an seinem Bett nieder, unter Jammern und Wehklagen. Dann werden sie euch glauben und euch nicht behelligen. Balhadi soll sich mit einem Pachino die Haut aufritzen. Wenn sie das Blut über ihr Gesicht strömen sehen, werden sie glauben, daß ihr Mann tot ist.«
Auf dem Weg zu Christians Haus traf Tararu Nanai.
»Du magst mich hassen, Tararu«, sagte Nanai, »um dessentwillen, was mein Mann heute getan hat, doch glaube mir: Ich habe nichts von ihren Plänen gewußt, und Moetua ist ebenso unschuldig wie ich selbst.«
»Ja, ich will dir glauben«, entgegnete Tararu, »aber das wird den Ermordeten das Leben nicht wiedergeben. Sprich rasch, wenn du mir noch etwas zu sagen hast, ich bin in Eile.«
»Dein Mann lebt . . .«
Tararu griff hart nach Nanais Arm. »Weißt du das sicher? Wo ist er?«
»Auf dem Ziegenberg, an einer Stelle verborgen, wo sie ihn nie finden werden. Ich habe ihm die Stelle gezeigt und ihn hingeführt.«
Tararu sah sie forschend an. »Wir sind seit langem Freundinnen. Nein, du betrügst mich nicht.«
Nanais Augen füllten sich mit Tränen. »Du bist immer wie eine Schwester zu mir gewesen, Tararu, und Ned wie ein Bruder. Frage dein Herz, ob ich niedrig gegen dich handeln könnte. Doch eines verlange ich von dir. Wenn Ned gerettet wird, so wird er voller Rachedurst sein. Besänftige ihn. Tetahiti ist mein Gatte!«

»Ich will tun, was ich kann, Nanai.«
»Minarii ist maßlos in seinem Zorn, aber seine Mordlust ist nicht von langer Dauer. Ned braucht nur verborgen zu bleiben, und alles wird gut werden.«
»Alex ist schwer verwundet. Wir haben ihn in unser Haus gebracht. Über Christians Schicksal wissen wir nichts.«
»Höre, Tararu, Moetua ist in der Nähe. Wir werden auf die Suche nach Christian gehen. Vielleicht können wir ihm helfen, wenn er noch lebt. Tu, was du kannst, um den Zorn der anderen gegen uns zu besänftigen. Was unsere Männer getan haben, ist geschehen. Es kann nicht vergeben werden, aber laß sie wissen, daß Moetua und ich keinen Anteil daran haben.«
»Das will ich tun, aber haltet euch vorläufig fern von ihnen, insbesondere von Jenny, Hutia und Prudence. Ihre Männer sind von den euren ermordet worden.«
»Wir werden uns vor ihnen verbergen«, sagte Nanai. Sie umarmte Tararu und verschwand dann im Dunkel des Waldes.
Balhadi hatte Tararu kommen sehen. Auf der Schwelle flüsterten die beiden Frauen miteinander. »Er wird leben, Balhadi«, schloß Tararu ihren hastigen Bericht. »Aber tue, was ich dir gesagt habe, wenn Minarii und die anderen kommen. Bedecke Alex, wie man eine Leiche bedeckt, und wehklage, wie man um einen Toten wehklagt.«
Balhadi ging. Kurz darauf hörte Tararu Maimitis Stimme. Rasch ihre Augen trocknend, betrat sie den Raum, in dem die junge Mutter lag, die am Tage zuvor ein Mädchen zur Welt gebracht hatte.
»Balhadi ist nach Hause gegangen, Maimiti.«
»Oh, du bist es, Tararu! Christian ist noch nicht zurückgekehrt?«
»Nein, noch nicht. Soll ich eine Kerze anzünden?«
»Es ist nicht nötig, ich liebe das Dämmerlicht des Abends. Wo kann Christian nur sein? Er sagte mir, daß er am frühen

Nachmittag zurückkommen werde, und nun ist die Sonne schon untergegangen!«
»Bald wird er hier sein.«
»Gehe ihm entgegen! Er wird sicherlich bald kommen. Was für ein merkwürdiger Vater er ist! Man sollte glauben, jeden Tag werde ihm ein Töchterchen geboren. Geh rasch, Tararu! Sage ihm, er möge sich eilen!«
Tararu nickte und wandte sich ab. Einen Augenblick stand sie vor der Tür und blickte den Weg entlang, der im schwachen Abendlicht kaum mehr zu erkennen war. Dann setzte sie sich auf die Bank vor dem Hause und barg ihr Gesicht in den Händen.

13

Am Spätnachmittag desselben Tages sandte Minarii Te Moa, mit dem er auf der Suche nach neuen Opfern die Insel durchstreift hatte, zu dem vereinbarten Platz, wo Tetahiti und Nihau auf Nachricht warteten. Er selbst legte sich an einer Stelle oberhalb der steil ins Meer abfallenden Klippen, von der aus man nicht nur mehrere Wege, sondern auch den Strand überblicken konnte, auf die Lauer.
Stunde um Stunde lag er unbeweglich im Gebüsch versteckt. Endlich hörte er in der Nähe Schritte. Er griff nach seiner Flinte und spähte durch das Blätterwerk.
Zwanzig Meter von ihm entfernt teilte sich das Gestrüpp, und Matthew Quintal trat heraus, sich vorsichtig umsehend. Seine Augen blickten verstört, seine riesigen Arme waren mit Wunden und Schrammen bedeckt. Er blieb stehen, duckte sich und hielt Ausschau. Feuerwaffen – ja sogar Pfeil und Bogen – galten bei den Männern der Südsee-In-

seln als eines Kriegers unwürdig, und Minarii haßte Quintal so, daß ihn danach verlangte, ihn mit den bloßen Händen zu töten. Er legte die Muskete sorgsam neben seine Keule auf die Erde und trat ins Freie. Quintal hatte ein Geräusch gehört, wandte sich jäh um und stürzte mit einem tierischen Gebrüll auf Minarii los.

Der Häuptling holte aus und traf das Kinn des Weißen mit einem furchtbaren Hieb. Nur sein mächtiger Stiernacken rettete Quintal; er wankte, warf sich auf seinen Gegner, packte ihn unter den Armen und umklammerte ihn mit stählernem Griff. Minarii stöhnte auf, aber schon im nächsten Augenblick bohrte er seine Daumen tief in den Hals des Weißen. Quintal traten die Augen aus den Höhlen, aber mit übermenschlicher Anstrengung hob er ein Knie und stieß es dem anderen in den Leib. Stöhnend vor Schmerzen ließ Minarii los, und schon hatte ihn Quintal zu Boden geworfen. Doch auch er selbst fiel durch die Gewalt des Sturzes nieder. Lange rangen sie so. In der Hitze des Kampfes hatte keiner der beiden Männer bemerkt, daß sie sich immer mehr dem Rand des steilen Absturzes näherten. Plötzlich gab ein Felsblock unter Minarii nach; er suchte sich mit der linken Hand festzuhalten, aber Quintal versetzte ihm einen Stoß, so daß er kopfüber in die Tiefe sauste.

Schwer atmend blickte Quintal, der sich im letzten Augenblick frei gemacht hatte, über den Felsrand hinab und sah gerade noch, wie der Körper seines Feindes von einem hundert Meter tiefer gelegenen Vorsprung abprallte und am Fuß der Wand regungslos liegenblieb.

Prudence und Hutia saßen in Mills' Haus. Die Jüngere streichelte von Zeit zu Zeit den Kopf ihres schlafenden Kindes, das sie auf den Knien hielt. Leise öffnete sich die Tür. Jenny trat ein und tastete sich durch den dunklen Raum.

»Hört!« wisperte sie. »Unsere Gelegenheit ist gekommen! Habt ihr den Mut, sie zu ergreifen?«
»Was meinst du?« fragte Prudence.
»Seid ihr bereit, die Mörder unserer Männer zu töten?«
Prudence erhob sich, legte ihr Kind auf die Lagerstatt und trat dicht an Jenny heran.
»Was hast du vor?«
»Ich habe Tetahiti, Nihau und Te Moa schlafend aufgefunden. Te Moa liegt, gegen einen Baum gelehnt, ein wenig von den anderen entfernt. Seine Flinte hat er zwischen den Knien. Er sollte Wache halten, aber der Schlaf hat ihn übermannt. Wir haben eine Axt und zwei Säbel. Sind eure Herzen stark? Werden eure Arme nicht zittern?«
»Die meinen nicht«, antwortete Hutia grimmig.
»Laßt mich Nihau den Tod geben«, sagte Prudence mit ihrer sanften Stimme.
»Und mir gehört Tetahiti!« fügte Jenny hinzu.
»Ich werde das Meine tun«, nahm Hutia das Wort.
»Alle drei sollen sterben! Aber Minarii, wo ist er?«
»Vielleicht ist er auf dem Weg hierher«, entgegnete Jenny. »Wir müssen uns beeilen. Der Mond wird bald untergehen. Nehmt die Säbel und überlaßt mir die Axt.«

Eine Stunde verging, und der Mond stand tief über dem westlichen Bergrücken. Quintal war auf dem Weg zur Ansiedlung. Langsam und vorsichtig hinkte er durch das Gebüsch. Plötzlich hielt er mit angehaltenem Atem inne und bückte sich mit einem Fluch. Als er sich wieder erhob, hielt er Te Moas vom Körper abgetrennten Kopf in der Hand. Er sah sich um, ging zu einem wenige Meter entfernten Baum und blieb jäh stehen, als er die Leichen Tetahitis und Nihaus auf dem Boden liegen sah. »Alle tot!« murmelte er. »Wer kann das getan haben?«

Mit drei Musketen unter dem Arm setzte Quintal seinen Weg zu den Häusern fort.
In Mills' Haus brannte Licht, aber die Fenster und Türen waren verrammelt. Quintal pfiff leise, gleich darauf rief Jenny mit unsicherer Stimme: »Wer ist da?« Er gab sich zu erkennen und wurde eingelassen.
»Wo ist Minarii?« fragte Jenny, während sie die Tür verriegelte.
»Tot. Ich habe ihn umgebracht. Wer von den Unseren ist ermordet worden?«
Nachdem Jenny ihm kurz Auskunft gegeben hatte, fragte er: »Wo ist Will McCoy?«
Sie schüttelte den Kopf.
»Wer hat die Männer getötet, die ich dort drüben im Gebüsch gefunden habe?« fuhr er fort.
Die drei Frauen blickten einander an. Endlich sprach Jenny: »Wenn ich es dir sage – wirst du darüber schweigen?«
»Ja, das werde ich!«
»Sie waren die Mörder unserer Männer. Wir töteten sie, während sie schliefen.«

Am nächsten Morgen hinkte Quintal zur Tür hinaus, ging zur Regentonne und goß sich Wasser über den Kopf. Sein verletztes Bein war während der Nacht angeschwollen; er konnte nur mit großer Mühe gehen. Sarah breitete nahe der Tür eine Matte für ihn aus und machte ihm ein Frühstück. Jetzt erst kam ihm die Katastrophe richtig zu Bewußtsein. Will McCoy tot – wie konnte es anders sein? – und Christian auch. Und John Williams . . . und der alte Mills.
Quintal stieß einen tiefen Seufzer aus und hob den Kopf. »Sarah«, sagte er zu der neben ihm sitzenden Frau, »geh mit Mary Will McCoy suchen. Am Ende lebt er noch; ruft von Zeit zu Zeit nach ihm.«

Sarah nickte und machte sich bereit, aber Mary wollte nur, wenn Jenny sie begleitete, einen anderen Teil der Insel durchsuchen. Sarah wandte sich nach Osten, während die beiden anderen durch das Haupttal dem Berggrat zu strebten.
Die Sonne war schon seit einer Stunde aufgegangen, der Morgen kühl und wolkenlos. Sarah blickte sich angstvoll nach allen Seiten um. Immer wieder rief sie: »Will! Will McCoy!« Aber ihre Rufe verhallten lange ungehört. Dann endlich hörte sie ein Rascheln im Gebüsch, und eine heisere Stimme rief: »Sarah? Bist du allein?«
»Ja.«
McCoy tauchte aus dem Gebüsch auf. Er starrte sie verstört an.
»Wo ist Matt?« fragte er.
»Im Haus. Komm mit mir. Sie sind alle tot.«
»Wer?«
»Die Maoris . . . die Männer, meine ich.«
»Und die Weißen?«
»Komm mit! Quintal wird dir alles sagen.«
»Sprichst du die Wahrheit?«
»Ja.«
»Hole Matt! Wenn er es bestätigt, will ich es dir glauben.«
Sarah zuckte müde die Achseln. »Du brauchst nichts zu fürchten. Aber ich will Matt holen.«
Während McCoy auf die Ankunft seines Freundes wartete, wanderte Tararu in der Richtung auf Christians Yamplantage zu. Von Zeit zu Zeit rief sie leise: »Moetua! Nanai!« Endlich fand sie die Gesuchten in einem Dickicht.
Die beiden Frauen saßen neben einer primitiven Tragbahre, auf der Christian lag, totenbleich, mit geschlossenen Augen. Nur sein mühsames, schwaches Atmen ließ erkennen, daß er lebte. Moetua und Nanai kühlten seine Stirn mit in Wasser getauchtem Rindenstoff.

»Was hast du uns zu berichten?« fragte Moetua mit zitternder Stimme, als sie Tararu erblickte.
Tararu schlug die Augen nieder und holte tief Atem. »Ich bringe schlimme Botschaft!«
»Sprich!«
»Eure Männer . . . sie sind tot . . . beide. Auch Te Moa und Nihau.«
Moetua erbleichte und fragte: »Wer tötete Minarii?«
»Quintal hat sie alle getötet.«
Tararu wandte sich ab und kniete neben Christian nieder. »Das Fieber verzehrt ihn. Er muß in Youngs Haus gebracht werden.«
»Geh zurück zu Maimiti. Wir werden ihn hinunterschaffen.«
Als Tararu gegangen war, saßen die beiden Frauen einen Augenblick lang schweigend, mit gesenktem Kopf und starren Augen da. Dann faßten sie die beiden Enden der Tragbahre und machten sich auf den Weg. Young und Balhadi saßen neben dem Bett, in dem Smith bewußtlos, mit geschlossenen Augen lag.
Ohne ein Wort des Grußes traten die beiden Frauen ein und stellten die Tragbahre neben dem anderen Bett nieder. Sie hoben Christian auf das mit frischem Tapa überzogene Lager. Young wollte sprechen, aber als er einen Blick in Moetuas Gesicht geworfen hatte, unterließ er es. Noch immer schweigend, wandte sie sich ab und winkte Nanai, ihr zu folgen.
Schon kniete Young neben Christian. Er lauschte den Atemzügen des Verwundeten, öffnete behutsam das Hemd, entfernte den Verband und blickte ernst auf die Wunde.
»Wird er am Leben bleiben?« fragte Balhadi angstvoll.
»Er muß!« antwortete Young leise. »Er muß und er wird leben.«

14

Im Februar des Jahres 1808 steuerte das amerikanische Segelschiff »Topaz« mit vollen Segeln gen Osten. Sein Kapitän, Mayhew Folger, war einer jener Seeleute, die um diese Zeit begannen, das Kap Hoorn zu umschiffen und sich in die noch kaum bekannte Südsee hinauszuwagen, um Seehundfelle und Tran heimzubringen und mit den Inselbewohnern Tauschhandel zu treiben.
Es schlug zwei Glasen; gleich darauf verkündete der Mann im Mastkorb, daß er in einer Entfernung von etwa 35 Meilen Land gesichtet habe. Sofort erschien der Kapitän auf Deck, ein altmodisches Fernglas in der Hand, das er dem Maat reichte.
»Steigen Sie hinauf, Mr. Webber, und sagen Sie mir, was Sie davon halten.«
»Eine gebirgige Insel, Sir, soviel ich erkennen kann«, berichtete Webber, als er wieder herabgestiegen war.
»Hm, da könnte es Seehunde geben. Steuern wir jedenfalls einmal darauf zu.«
Nur langsam näherte sich das Schiff dem Land, denn der Wind hatte sich gelegt. Gegen Tagesanbruch war man jedoch bis auf zwei Meilen Entfernung an die Insel herangekommen. Kapitän Folger kam im Morgengrauen auf Deck. Als er gerade im Begriff war, sein Teleskop einzustellen, rief der Maat voll Erstaunen: »Rauch, Sir! Dort oberhalb der Felsen!«
Der Kapitän blickte einen Augenblick lang durch das Fernrohr. »Ja, tatsächlich! Die Insel ist bewohnt. Na, da können wir unsere Hoffnungen auf Seehunde begraben . . . Und unsere Wasserfässer sind halb leer! Die Bewohner sind wahrscheinlich Wilde, die uns feindlich gesinnt sind.«
»Außerdem könnte auch kein Boot auf dieser Seite landen, Sir. Sehen Sie nur die Steilküste und die Brandung!«
Folger, der wieder durch sein Glas sah, nickte. »Keine Spur

von einer Landemöglichkeit . . . Aber was ist das? Da kommt ja ein Kanu! Mit drei Leuten drin!«

Eine Viertelstunde später war das Boot, ein langes, schmales Fahrzeug, ganz nahe herangekommen. Die Insassen blickten auf die »Topaz« mit Bewunderung, die mit Angst gemischt zu sein schien. Trotz wiederholter Aufforderung, an Bord zu kommen, rührten sich die Leute im Kanu nicht. Es waren junge Burschen, von denen der älteste höchstens achtzehn Jahre alt sein konnte.

Endlich rief einer von ihnen: »Ist das ein englisches Schiff?«

»Was bedeutet das, zum Teufel!« murmelte Folger; dann rief er zurück: »Nein. Ein Amerikaner.«

Die drei jungen Leute blickten einander an und schienen zu beraten.

»Wer seid ihr?« fragte Folger.

»Wir sind Engländer.«

»Wo seid ihr geboren?«

»Auf der Insel dort.«

»Wieso seid ihr Engländer?«

»Unser Vater ist ein Engländer«, war die Antwort.

»Wer ist euer Vater?«

»Alex.«

»Wer ist Alex?«

»Was, Sie kennen Alex nicht?«

»Woher sollte ich ihn kennen?«

Der junge Mann im Kanu sah den Kapitän ernst an, dann beriet er sich aufs neue mit seinen Gefährten. Endlich rief er: »Unser Vater würde sich freuen, wenn Sie an Land kämen, Sir!«

»Kommt zuerst an Bord, Jungens. Ihr habt nichts von uns zu befürchten«, antwortete Folger freundlich.

Nach kurzem Zögern tauchten sie ihre Paddel ins Wasser und kamen ganz nahe heran. Ein Tau wurde ihnen zugeworfen, und sie kletterten mit großer Geschicklichkeit an Bord. Der Kapi-

tän begrüßte sie lächelnd. »Ich bin Kapitän Folger«, sagte er, dem größten Burschen die Hand reichend. »Und das ist Mr. Webber, der Maat.«
»Ich heiße Donnerstag Oktober, Sir. Das ist mein Bruder Charles, und der da heißt James.«
»Was für ein riesiges Schiff, Sir!« bemerkte Donnerstag Oktobers Bruder voll Staunen. »Wir haben von unserem Vater gehört, daß es so etwas gibt, aber wir haben selbst nie eines gesehen.«
Inzwischen hatte sich die ganze Besatzung der »Topaz« um die seltsamen Gäste versammelt. »Ich werde euch gleich umherführen lassen«, sagte der Kapitän, »aber zuerst müßt ihr mir etwas von eurer Insel erzählen. Gibt es auf der anderen Seite einen Landungsplatz?«
»Nur einen, und der ist gefährlich. Wir landen immer in der Bucht dort.«
»Unsere Boote können das nicht riskieren. Habt ihr genug frisches Wasser auf der Insel?«
»Ja, Sir.«
»Wir haben eine Menge Fässer. Könnte man die an Land schaffen?«
»Ganz leicht, Sir«, antwortete Donnerstag Oktober ruhig. »Wir könnten sie schwimmend hinüberbringen, eines nach dem anderen.«
»Und an Land könnten sie gefüllt werden?«
»Ja, Sir. Aber das Wasser müßten wir in Kürbissen hinunterbefördern.«
»Wie lange würde das dauern?«
Der junge Mann dachte einen Augenblick nach. »Wenn wir alle daran arbeiten, zwei bis drei Tage.«
»Und wärt ihr dazu bereit?«
»Natürlich, Sir!« sagte Donnerstag Oktober lächelnd.
»Gut! Ihr werdet reichlich dafür belohnt werden. Jetzt wird der

Bootsmann euch auf dem Schiff umherführen. Macht die Augen auf und wählt aus, was ihr am besten brauchen könnt. Wenn irgend möglich, soll es euch gehören als Dank für eure Hilfe.«

Als die drei Jünglinge sich mit dem Bootsmann entfernt hatten, sagte der Kapitän: »Das Wetter scheint zu halten, Mr. Webber; aber ich möchte es doch nicht riskieren, das Schiff zu verlassen. Wollen Sie an Land gehen und dafür sorgen, daß die Fässer so rasch wie möglich gefüllt werden?« Webbers Freude darüber war auf seinem Gesicht so klar zu lesen, daß Folger fortfuhr: »Ich beneide Sie, bei Gott, Mr. Webber! Wer können die Leute nur sein? Dahinter steckt ein Geheimnis; Sie müssen es lösen! Sie bleiben am besten so lange an Land, bis die Arbeit beendet ist. Sagen Sie Mr. Alex, wer immer das sein mag, daß die Arbeit gegen Mittag beginnen kann.«

Die jungen Inselbewohner gaben nur zögernd ihre Wünsche bekannt. Auf Drängen des Kapitäns sagten sie schließlich, daß ein paar Messer, eine Axt und ein Kupferkessel reichliches Entgelt für ihre Arbeit seien. Folger, der die jungen Leute bereits liebgewonnen hatte, gab ihnen sogleich den Kessel und drängte ihnen eine Anzahl Äxte und Messer auf. Die drei drückten Folger und dem Bootsmann die Hand, winkten den anderen zu und sprangen, von dem Maat gefolgt, ins Boot hinab. Webber bewunderte in den folgenden Minuten aufs höchste die außerordentliche Geschicklichkeit, mit der die Burschen das kleine Fahrzeug sicher durch die von stürmischer Brandung umtobten Klippen brachten. Ein halbes Dutzend kräftiger junger Leute zogen das Boot an Land.

Das Emporklimmen zur Höhe machte dem Maat ziemliche Mühe, während die jungen Leute leichtfüßig und ohne jede Anstrengung hinaufstiegen. Endlich langten sie am Rande der

Hochfläche und wenig später bei einem kleinen Dorf an, das aus fünf weit voneinander entfernten Häusern bestand. Schließlich kamen sie zu einem riesigen Banyanbaum, dem gegenüber ein Wohnhaus stand, ebenso freundlich und sauber wie die anderen. Ein Mann von etwa fünfzig Jahren stand auf der Schwelle. Seine Kleidung war aus Rindenstoff gefertigt, der aber zu einem Anzug verarbeitet war, wie ihn früher einmal die englischen Matrosen getragen hatten. Sein dünnes, angegrautes Haar fiel ihm über die Schultern; seine Züge und sein Blick zeugten von Kraft und Gutmütigkeit.

»Willkommen, Sir«, sagte er und streckte dem Gast die Hand entgegen.

»Mein Name ist Webber. Ich bin der Maat des Schiffes dort drüben.«

Der Mann führte Webber ins Haus. »Dinah! Rachel! Wo seid ihr?« rief er. Zwei Mädchen erschienen auf der Schwelle und sahen dem Fremden mit großen, erstaunten Augen entgegen.

»Holt Kokosnüsse für den Herrn«, fuhr ihr Vater fort, »und Früchte.«

Die Kinder liefen davon. »Setzen Sie sich, Sir, ruhen Sie sich aus und lassen Sie sich schmecken, was diese Insel Ihnen bieten kann. Sie sind wohl schon lange unterwegs?« fragte der Mann.

»Über drei Monate«, gab der Maat Auskunft. »Wir hätten nicht erwartet, hier Land zu finden. Wie heißt denn die Insel?«

»Pitcairn, Sir. Sie brauchen Wasser, sagten mir die Jungens. Wir haben genug hier, aber es wird wohl an die drei Tage dauern, es zum Strand hinunterzubringen. Haben Sie soviel Zeit?«

»Wir müssen sie haben. Seit wir die Küste von Peru verließen, haben wir kaum einen Tropfen Regen gehabt. Gibt es Seehunde hier?«

Der Inselbewohner schüttelte den Kopf. »Da haben Sie kein Glück, Sir. Seit zehn Jahren habe ich keinen mehr gesehen.«
Der Mann saß jetzt schweigend da, die Ellbogen auf den rohgezimmerten Tisch gestützt. Webber hatte den Eindruck, daß er geprüft und abgeschätzt werde.
»Sie sind Engländer, Sir?« fragte der Mann endlich.
»Ja. Aber das Schiff ist ein Amerikaner. Es kommt aus Boston in Neuengland.«
Der Mann schwieg einen Augenblick, ehe er sprach. »Ich bin jetzt seit beinahe zwanzig Jahren hier, Mr. Webber. Sie sind der erste Fremde, der in all der Zeit die Insel betreten hat.«
Die Kinder waren inzwischen zurückgekehrt und brachten große, gelbe Pisangfrüchte und allerlei anderes Obst, das Webber fremd war. Er griff mit dem Vergnügen eines Seemannes zu, der lange nicht mehr an Land gewesen ist.
»Sie würden mir eine Freude machen, Sir«, sagte der Hausherr, »wenn Sie während der Zeit, die die Verproviantierung des Schiffes mit Wasser beansprucht, mein Gast wären. Kommt Ihr Kapitän an Land?«
»Er wird sich wohl ein bißchen Bewegung machen wollen, ehe wir absegeln«, entgegnete Webber, »aber bis dahin wird er an Bord bleiben. Ist es wirklich keine Belästigung, wenn ich Ihre Einladung annehme?«
»Belästigung? Nicht im geringsten! Sie sind willkommen, herzlich willkommen!«
Der Nachmittag verging mit den notwendigen Arbeiten, an denen sich alle Knaben und Jünglinge der Insel mit größtem Eifer und erstaunlicher Geschicklichkeit beteiligten.
Nach dem Abendessen forderte der Hausherr Webber zu einem kleinen Spaziergang auf.
Der Mann führte den Maat zu einer Bank, die unmittelbar am Rand der steil ins Meer abstürzenden Felsen stand.
Der Inselbewohner zögerte ein wenig, dann sagte er: »Sie

haben sich sicher darüber gewundert, daß ich meinen Namen noch nicht genannt habe. Ich heiße Alexander Smith.«
Er sah den Gast prüfend an, so als wollte er sehen, welchen Eindruck die Nennung dieses Namens auf ihn mache.
»Sie müssen sich auch über manches andere gewundert haben«, fuhr er nach einer langen Pause fort, »wer wir sind, wie wir auf dieses Stückchen Land, so weit fort von allen anderen Menschen, kamen.«
Der Maat lächelte. »Ich wäre kein Mensch, wenn meine Neugierde nicht geweckt worden wäre.«
Sein Begleiter lehnte sich vor und blickte auf das mondbeglänzte Meer hinaus. »Was geschah, Mr. Webber, geschah vor langer Zeit . . .«
Plötzlich sah er dem Gast ins Gesicht. »Haben Sie je von einem Schiff namens ›Bounty‹ gehört?«
Die Worte trafen Webber wie ein Blitzstrahl. Natürlich hatte er von der berüchtigten Meuterei auf der »Bounty« gehört. Er erinnerte sich genau der wichtigsten Begebenheiten, die in Zusammenhang mit der unglückseligen Fahrt dieses Schiffes nach Tahiti standen. Das Schicksal der »Bounty« war bis heute ein ungelöstes Rätsel des Meeres geblieben.
Ergriffen fragte er: »Dann sind Sie also . . .«
»Ja«, unterbrach ihn Smith ruhig. »Einer von Fletcher Christians Leuten, Mr. Webber.« Der Maat hätte am liebsten hundert Fragen zugleich gestellt, aber Smith fuhr fort: »Was wissen Sie über Kapitän Blighs Schicksal? Hat man je wieder etwas von ihm gehört?«
»Gewiß! Er kehrte mit den meisten seiner Leute heim, nach der bewundernswertesten Fahrt im offenen Boot, die die Geschichte der Seefahrt kennt!«
Smith schlug sich laut auf die Knie. »Gott sei bedankt dafür! Nun werde ich des Nachts besser schlafen! Und was ist aus meinen Kameraden geworden, die in Tahiti leben?«

Webber gab Auskunft, soweit er es vermochte.
»An die Namen derer, die gehenkt wurden, erinnern Sie sich nicht, Sir?« fragte Smith.
Webber schüttelte den Kopf. »Ich erinnere mich nur an Kapitän Bligh und Fletcher Christian.«
»Christians Sohn, Oktober Donnerstag, war es, der Sie an Land brachte.«
»Und wo ist Christian, wo sind die anderen, die mit ihm gingen?«
»Es ist keiner mehr von ihnen da, Sir.«
»Sie wollen also damit sagen, daß sie diese Insel verlassen haben?«
»Nein, Sir, sie sind tot. Alle tot.«
Nach langem Schweigen fuhr Smith fort: »Sind Sie ein geduldiger Mann, Mr. Webber? Möchten Sie eine Geschichte hören, zu der ich ein paar Abende brauchen würde?«
»Nichts wäre mir lieber! Wissen Sie, daß es Tausende in England gibt, die hundert Meilen reisen würden, um diese Geschichte von Ihren Lippen zu hören?«
»Es wird mein Herz erleichtern, Sir. Ich bin kein gebildeter Mann, das werden Sie bemerkt haben. Aber ich habe nichts vergessen. Sie werden die Wahrheit hören, Mr. Webber. Nun denn, dann will ich Ihnen alles von Anfang an erzählen . . .«
Während der Maat der »Topaz« lauschte, versank die Gegenwart für ihn. An Stelle des väterlichen, ein wenig beleibten Mannes mittleren Alters, der da neben ihm saß, sah er den rauhen jungen Matrosen vor sich, inmitten einer Mannschaft, wie sie seltsamer nie auf einem englischen Schiff ausgefahren ist. Er spürte, wie das Deck der »Bounty« sich unter seinen Füßen hob und senkte. Er hörte die Stimmen von Menschen, die längst tot waren – Stimmen, die beinahe zwanzig Jahre früher das Schweigen des einsamen Ozeans und dieser noch einsameren Insel gebrochen hatten.

15

Am nächsten Abend fuhr Smith fort: Wo war ich stehengeblieben, Sir? Ja, ich erinnere mich, Mr. Christian und ich, wir lagen verwundet im Haus.
Mr. Christian hatte so viel Blut verloren, daß er wie ein Toter dalag. Ich hatte hohes Fieber; drei Tage lang schwatzte ich dummes Zeug und fluchte und tobte, hat man mir später gesagt.
Quintal blieb allein in seinem Haus; meistens saß er auf der Schwelle, den Kopf in die Hand gestützt. Er sprach mit niemandem. Was in seinem Kopf vorging, weiß ich nicht. Mag sein, daß es das böse Gewissen war, das ihn plagte.
Am Tag, nachdem die Indios umgebracht worden waren, kam Taurua, um mit meinem Weib zu sprechen. Sie könnte Mrs. Christian nicht mehr im Bett halten, sagte sie. Da wurde es uns klar, daß wir es ihr nicht länger verschweigen konnten.
Später einmal sagte mir Mr. Young, er würde sich lieber hängen lassen als den Morgen noch einmal mitmachen. Sie versuchten, es ihr schonend beizubringen, aber Mrs. Christian hatte bald heraus, daß man ihr nicht alles sagte. Sie stand auf, nahm ihr Neugeborenes und ging aus dem Haus, ohne ein Wort zu sprechen. Als sie in Mills' Haus kam, ging sie geradewegs zu dem Bett, wo Christian lag. Seine Augen waren geschlossen, und er fieberte stark.
Die ganze Nacht und den ganzen Tag und noch eine Nacht lagen wir da, Mr. Christian und ich, und die Frauen und Mr. Young pflegten uns. Es muß am Morgen des dritten Tages gewesen sein, als das Fieber von mir wich und ich die Augen öffnete. In dem anderen Bett sah ich jemanden liegen, aber ich wußte nicht, wer es war. Mrs. Christian saß daneben auf dem Boden, mit dem Rücken zu mir, und ich konnte ihr Gesicht nicht sehen und das von dem Mann im Bett auch nicht. Er

bewegte sich gar nicht, und ich dachte, er sei tot. Mr. Young stand daneben, und ich rief seinen Namen. Balhadi sprang zu mir herüber, und Young kam auch. »Pst, Alex!« flüsterte er. »Gott sei Dank geht's dir besser.«

»Wer ist das da drüben?« fragte ich.

»Christian.«

»Lebt er?«

»Ja.«

Ich schlief fast den ganzen Morgen. Als ich wieder aufwachte, fühlte ich mich viel wohler. Maimiti lag noch immer neben Christians Bett, und wenn man sie ansah, brach einem beinahe das Herz im Leibe. Plötzlich sah ich, wie ihre Augen zu glänzen anfingen. Er war zu Bewußtsein gekommen.

Er sah sie an, zuerst ganz erstaunt. »Was ist das, Maimiti?« fragte er. »Wo sind wir?«

»In Neds Haus.«

Sie brachte ihm Wasser, und er trank ein bißchen, und dann sprach er eine Zeitlang nichts mehr. Und dann fragte er: »Ist Ned hier?«

Mr. Young trat an sein Bett. Er traute sich nicht zu sprechen.

»Was ist geschehen, Ned?«

»Mach dir keine Sorgen und sprich jetzt lieber nicht«, sagte Young.

»Wo ist Minarii?«

»Er ist tot.«

»Und die anderen Indios?«

»Alle tot.«

Christian drehte ganz langsam den Kopf auf dem Kissen herum und sah mich an. »Bist du verletzt, Alex?«

»Ja, aber es ist nicht schlimm«, antwortete ich.

Seine Stimme war lauter, als er dann sagte: »Du mußt mir alles berichten, Ned.«

Mr. Young erzählte ihm alles, rasch und kurz. Was er auch

empfunden haben mag, Mr. Christian sprach kein Wort. Er lag nur da und starrte zur Decke hinauf. Dann schloß er wieder die Augen.

Der Nachmittag verging. Christian kam gegen Abend wieder zu Bewußtsein, aber er sprach nicht mehr als ein paar Worte. Er wußte, daß er sterben mußte, glaube ich, und war vielleicht froh darüber, denn alles, was er angefangen hatte, hatte ein böses Ende genommen. Die Fahrt der »Bounty«, die Männer, die mit Kapitän Bligh in der Barkasse ausgesetzt worden waren, die, die in Tahiti geblieben waren, und jetzt unsere kleine Ansiedlung, von der er so viel erhofft hatte.

Mrs. Christian gab ihm einen Schluck Wasser, er legte seine Hand auf die ihre und sah zu ihr auf, und dabei lächelte er, aber ganz schwach. Dann ließ er den Kopf sinken.

»Alex«, sagte er.

»Ja?«

Als er dann nach einer langen Pause weitersprach, kam es ganz überraschend für mich, und so bin ich nicht ganz sicher, was er sagte. Entweder: »Noch ist Hoffnung«, oder: »Jetzt ist wieder Hoffnung.«

Er schien keine Antwort zu erwarten, so gab ich ihm auch keine, sondern lag nur da und versuchte darüber nachzudenken, was er wohl gemeint hatte.

Dann, viel später, hörte ich seine Stimme wieder: »Die Kinder dürfen es nie erfahren!«, und das waren die letzten Worte, die ich ihn sprechen hörte.

Ich muß dann eingeschlafen sein, und als ich die Augen wieder öffnete, war es dunkel im Zimmer.

Mrs. Christians unterdrücktes Schluchzen war es, was mich aufgeweckt hatte. Sehen konnte ich sie nicht, auch Christian nicht, aber ich wußte, daß er tot war.

16

Der Monat, der folgte, war eine traurige Zeit, so totenstill, und wir dachten auch immer an den Tod. Zuerst hatte ich Angst, Mrs. Christian würde den Verstand verlieren. Tränen hätten ihr geholfen, aber sie hatte keine. Das Herz tat mir weh, wenn ich sie im Haus umhergehen sah, mit einem verstörten, leblosen Ausdruck im Gesicht, als ob sie die Wahrheit noch gar nicht begriffen hätte. Und man konnte ihr auch nicht helfen. Sie mußte allein damit fertig werden.

Schließlich aber faßte sie sich. Daß sie für die Kinder sorgen und die anderen Frauen trösten mußte, war eine wahre Wohltat des Himmels für sie. Allmählich wurde sie fast wieder so, wie sie früher war, und auf ihre stille Art gab sie den anderen Mut. Ich weiß nicht, was manche von ihnen ohne Maimiti angefangen hätten.

Eines Tages sprach sie von Moetua und Nanai. Sie erinnern sich wohl, das waren die Frauen von Minarii und Tetahiti.

Seit sie Christian hergetragen hatten, ließen sie sich nicht mehr in der Nähe der Ansiedlung blicken, sondern lebten in John Williams' altem Haus auf der anderen Seite der Insel. Manche meinten, sie müßten davon gewußt haben, daß ihre Männer alle Weißen umbringen wollten, und es hätte Mord und Totschlag unter den Frauen gegeben, wenn Maimiti und Taurua nicht gewesen wären; die wußten wohl, daß Moetua und Nanai mit der Sache nichts zu tun gehabt hatten. Also, kurz und gut, Mrs. Christian bat Mr. Young, zu ihnen zu gehen und zu versuchen, sie zu uns zu bringen.

Eine Stunde später war er zurück und brachte sie mit. Er kam zuerst herein, und die beiden blieben bei der Tür stehen. Nicht weil Moetua Angst hatte vor Prudence oder Hutia, war sie so lange von der Ansiedlung weggeblieben. Sie hätte es allein mit dem ganzen Weibervolk aufgenommen. Aber sie wußte, daß

Quintal ihren Mann umgebracht hatte, und sie fürchtete, daß sie dem Wunsch, sich an ihm zu rächen, nicht widerstehen könnte. Nanai war sanfter. Sie brauchte jemanden, an den sie sich klammern konnte, und es war ein Segen für sie, daß sie Moetua hatte. Also, wie gesagt, sie standen bei der Tür und warteten. Gleich als Maimiti sie sah, ging sie auf sie zu, nahm sie bei der Hand und führte sie herein. »Moetua«, sagte sie, »was unsere Männer getan haben, ist geschehen. Sie sind beide tot. Nanai – Christian und Tetahiti waren Freunde. Wir sind früher wie Schwestern gewesen. Ich habe nichts als Liebe für euch im Herzen. Wollt ihr hier mit mir leben?«
Ich kann Ihnen berichten, was sie sagte, aber nicht, wie sie es sagte. Nie habe ich eine Frau erlebt, die sanfter und gütiger gewesen wäre als Mrs. Christian. Moetua schloß sie in die Arme und hielt sie lange fest. Dann weinten die drei. Es war das erstemal, daß Mrs. Christian Tränen vergoß.
Sobald ich wieder laufen konnte, fragte sie mich, ob ich ihr mein Haus abtreten und in ihres ziehen würde. Der Grund dafür war mir klar: Sie konnte das Haus nicht betreten, in dem sie mit Christian gelebt hatte. So zogen wir denn hinunter: meine Frau und Hutia und Prudence. Young nahm Mills' Haus, mit Taurua und Jenny. Quintal und McCoy blieben, wo sie waren, mit ihren Frauen und Susannah.
Von McCoys Schnapsbrennerei muß ich noch berichten. Sogar vor Quintal, seinem besten Freund, hatte er sie geheimzuhalten gewußt. Das zeigt am besten, was für ein schlauer, verschlagener Mensch Will McCoy war. Die Tage, die er in den Wäldern auf der Flucht vor den Indios zugebracht hatte, hatten ihn arg mitgenommen. Ein paarmal hatten sie ihn beinahe erwischt; sie waren ganz dicht an seinem Versteck vorbeigegangen, und er war beinahe übergeschnappt vor Angst. Quintal war auch halb verrückt, aber wieder auf andere Art. Er saß auf seiner Schwelle, sprach mit

sich selber und benahm sich so merkwürdig, daß die Frauen Angst vor ihm bekamen. Eines Tages fiel ihm auf, daß McCoy das Haus verlassen hatte. Langsam und gründlich begann er ihn zu suchen, und endlich fand er ihn in einer Schlucht auf der Westseite der Insel. McCoy hatte sich dort eine ganz gemütliche Hütte mit einem Lager aus Farnkraut gebaut.

Die Brennerei war dicht dabei. Da merkte McCoy, daß er mit der Wahrheit herausrücken mußte. »Setz dich her, Matt«, sagte er und zog eine Flasche und einen Becher hervor, »versuch das einmal.«

Quintal roch erst an dem Schnaps, und dann nahm er einen ordentlichen Schluck. »Nicht schlecht«, schmunzelte er, »aber wie machst du das Zeug, Will?« Da erzählte ihm McCoy, wie er den Schnaps aus Tipflanzen brannte. Er brauchte Quintal nicht erst lange zu bitten, ihm zu helfen. Sie nahmen den großen Kupferkessel von der »Bounty« und legten eine neue Brennerei an. So fing das Unheil an. Zuerst tranken nur die beiden miteinander und sagten niemandem etwas davon. Aber nach ein paar Wochen begannen sie, ihren Grog – denn so etwas Ähnliches war es – nach Hause zu bringen, und lehrten ihre Frauen und Susannah, mit ihnen zu trinken. Es dauerte nicht lange, bis sich Prudence und Hutia daran gewöhnten, abends hinüberzugehen, und zuweilen sogar Jenny. So erfuhr ich es.

Eines Abends kam Young zu mir. Er war ganz verändert, und es war leicht zu erraten, wo er gewesen war.

»Alex«, sagte er, »ich habe dir was mitgebracht, was dir guttun wird.«

»Was ist es?« fragte ich, aber ich wußte es schon, denn er trug eine Flasche unter dem Arm, die er jetzt auf den Tisch stellte.

»McCoy schickt dir das«, sagte er; »es ist ein großartiges Getränk, Alex.«

»Du hast ja schon einen ordentlichen Schluck getan, Ned«, sagte ich, »das sieht man.«
»Ja, das habe ich«, gab er zu. »Wir führen ein trauriges, einsames Leben hier. Ein kleines Vergnügen kann uns nicht schaden.«
»Ned«, sagte ich, »du hast Quintal nicht gesehen, wenn er betrunken ist. Ich habe ihn gesehen. Er ist dann der leibhaftige Teufel.«
»Ist mir egal«, meinte er, und seine Stimme war ein bißchen heiser. »Seit Monaten habe ich mich nicht so wohl gefühlt, Junge.«
Also, Mr. Webber, um die Sache kurz zu machen, wir tranken zu zweit die ganze Flasche aus. Und Young hatte recht: Es tat mir gut. Ich war mutlos genug gewesen, aber nach ein paar Gläsern erschien mir alles schön und strahlend.
Sie können sich vorstellen, wie es weiterging, Sir. Wir waren rauhe junge Matrosen, alle, außer Mr. Young. Wir tranken so viel, wie in uns hineinging, und die fünf Weiber mit uns.
Es dauerte nicht lange, bis Mrs. Christian sah, was vorging. Sie kam zu Young und mir und bat uns, um der Kinder willen mit dem Trinken aufzuhören. Wir schämten uns mächtig und versprachen, uns zu bessern, aber ein paar Tage später gingen wir wieder zu McCoy, und alles war wie früher. Es kam so weit, daß Mrs. Christian und einige andere Frauen nichts mehr mit uns zu tun haben wollten. Sie holte die Kinder aus McCoys Haus und verriegelte ihr Haus, denn sie wußte wohl, was für ein gefährlicher Mensch Quintal war, wenn er zuviel getrunken hatte.
Monate später waren vier von uns eines Abends in McCoys Haus, betrunken wie immer. Mary und Sarah hatten Mrs. Christian in ihr Haus genommen. Quintal hatte sie zuerst zurückholen wollen, aber wir anderen hatten ihm das ausgeredet. McCoy hatte nichts dagegen, daß Mary dort war, denn

er hatte noch ein bißchen Anstand im Leib und wußte, daß die Kinder dort besser aufgehoben waren.
Gegen Mitternacht wankte ich nach Hause, und Balhadi brachte mich zu Bett. Sie hatte mich die ganze Zeit nicht verlassen, und Taurua war Young ebenso treu geblieben. Aber jetzt waren sie so ziemlich mit ihrer Geduld am Ende.
Plötzlich rüttelte mich Balhadi wach. »Rasch, Alex!« sagte sie. »Weck die anderen auf und komm! Quintal ist gerade zu Maimitis Haus gegangen! Er plant Schlimmes!«
Ich lief zu McCoys Haus und weckte ihn und Young.
Schon auf dem halben Weg hörte ich, wie Quintal gegen die Tür von Mrs. Christians Haus hämmerte. Das machte uns nüchtern.
Quintal trug einen Pfahl in der Hand und hatte die Tür beinahe eingeschlagen, als wir hinkamen. Drinnen hörten wir die Kinder schreien und dann Mrs. Christians ruhige Stimme. »Ich habe eine Flinte hier«, sagte sie. »Ich erschieße ihn, wenn er den Fuß hier hereinsetzt. Macht, daß ihr wegkommt, ihr anderen!«
McCoy war der einzige, der sonst bei Quintal etwas ausrichten konnte. Er lief zu ihm hin und packte ihn beim Arm. »Matt, bist du verrückt?« rief er. Quintal drehte sich um und gab ihm einen Stoß, daß er umflog. »Ich will Moetua!« brüllte er.
Wir versuchten, ihn zurückzuzerren, aber sogar zu dritt konnten wir es nicht mit ihm aufnehmen. Dann wurde das, was von der Tür übrig war, niedergerissen, und Moetua kam heraus. Mit dem Haß gegen Quintal, den sie in sich hatte, nahm sie es mit ihm auf. Sie grub ihm die Finger in den Hals und hätte ihn umgebracht, wenn Maimiti nicht gewesen wäre. Wir banden ihn und schleppten ihn halbtot in McCoys Haus.
Als ich am nächsten Tag aufwachte, war Balhadi nirgends zu sehen. Ich ging zum Rand des Plateaus, wie ich es jeden Morgen tat, um einen Blick auf den Himmel und die See zu

tun. Draußen auf dem Meer, vielleicht eine Meile vom Ufer, sah ich etwas schwimmen. Es sah aus wie ein gekentertes Boot. Ich rieb mir die Augen und blickte wieder hin, und jetzt kam es mir vor, als sähe ich auf dem Kiel und ringsherum im Wasser Menschen. Ich suchte den Horizont ab, aber nirgends sah ich das Schiff, zu dem das Boot gehören konnte. Ich weckte, so rasch ich konnte, Young und McCoy auf, und von dem Aussichtspunkt über der Bucht aus sahen wir ganz deutlich, daß es unser Kutter war, umgekippt im Wasser, und alle unsere Frauen drum herum. Manche schwammen, manche klammerten sich an das Boot und hielten ihre Kinder fest, die sie auf den Kiel des Kutters gesetzt hatten. Wir gingen Quintal holen. »Sieh zu, daß du ihn aufweckst, McCoy«, rief ich, »sag ihm, daß sein kleiner Matt ertrinkt!« Wir beiden anderen rannten zur Bucht hinunter.

Um Nu hatten wir das größte Kanu im Wasser. Gott sei Dank war die Brandung nicht stark, wir waren bald drüber. Immer näher kamen wir dem gekenterten Kutter.

Prudence und Mary schwammen uns entgegen und reichten uns die Kinder herein, ehe sie selbst an Bord kletterten. In der nächsten Minute lagen wir neben dem Kutter und nahmen Mrs. Christian die kleine Mary ab. Dann reichte man uns die älteren Kinder, die auf dem Kiel saßen, herüber.

McCoy und Quintal waren in dem anderen Kanu unterwegs. Quintal saß achtern.

»Ist Matt in Sicherheit?« brüllte er, als er noch eine Viertelmeile entfernt war.

»Ja!« schrie ich zurück. »Alle anderen auch!«

Dann hatten wir endlich auch alle Frauen in den Booten. Manche weinten, aber es wurde kein Wort gesprochen. Mrs. Christian saß da, die kleine Mary auf dem Arm. Sie sah so hoffnungslos und verzweifelt drein, daß ich's bis ans Ende meiner Tage nicht vergessen werde. Können Sie sich das vorstellen, Mr. Webber? Sie wollten mit den Kindern in der Nußschale von einem Kutter wegfahren! Mrs. Christian kannte den Kompaß, und sie wollten zu einer Insel, die sie auf dem Weg von Tahiti hierher gesehen hatten. Wir hatten sie so weit getrieben, daß sie lieber ertrinken oder verhungern oder verdursten wollten, als mit uns zu leben und ihre Kinder von solchen Vätern, wie wir es waren, aufziehen zu lassen.

Am Abend kamen wir vier zusammen, aber nicht, um zu saufen. »Mr. Young«, sagte McCoy, »ich höre auf damit! Ich weiß, daß mich die Schuld trifft. Ich will nicht noch mehr auf mein Gewissen laden. Wir haben Kinder und gute Frauen. Ich bin für ein nüchternes, anständiges Leben von jetzt an.«

»Dafür bin ich auch«, rief ich.

Wir waren alle einer Meinung. Kein Schnaps sollte mehr gebrannt werden, das schworen wir uns zu, und wir gingen, zum ersten Male seit vielen Monaten, ohne Rausch schlafen.

17

Jetzt will ich drei Jahre überspringen, Sir. Es war eine Zeit, an die ich nicht gerne denke. Es ist auch eigentlich nicht viel über die drei Jahre zu sagen, außer daß es immer schlimmer mit uns wurde.

Unsere feierlichen Versprechungen brachen wir schon ein paar Tage später. Maimiti hatte die Ansiedlung schon lange vorher mit ihren drei Kindern verlassen, und Moetua und Nanai waren mit ihr gegangen. Es dauerte nicht lange, und Taurua, Youngs Frau, und Jenny zogen auch weg, und nach und nach brachten sie alle Kinder in das Auté-Tal hinüber, wo sie von nun an lebten. Balhadi hatte die ganze Zeit über bei mir ausgehalten; immer noch hoffte sie, ich würde zur

Vernunft kommen, und Mary blieb bei McCoy, aber wir beachteten sie kaum. Vier der Frauen, Hutia, Prudence, Sarah und Susannah, blieben, dem Alkohol verfallen, bei uns.

So ging es weiter bis zum Herbst 1797. Ich erinnere mich noch an ein Saufgelage, das wir damals abhielten, wir vier und die Frauen, von denen ich sprach. An dem Tag kamen Jenny und Moetua in die Ansiedlung. Wir hatten einen Rausch wie noch nie zuvor. McCoy hatte ausgerechnet, daß es gerade vier Jahre her war, seit die Indios ermordet worden waren. Er log den Frauen vor, wir hätten das Gelage als Gedenkfeier veranstaltet. Und dann rühmte sich Quintal vor Moetua, daß er Minarii, ihren Mann, über die Klippen hinabgeschleudert hatte. Ich erinnere mich kaum mehr an das, was nachher geschah, aber ich weiß, daß die Frauen entsetzt über unser brutales Benehmen waren. Dann gab es Streit zwischen Quintal und McCoy. Als ich am nächsten Morgen erwachte, lag Young schlafend im anderen Bett. Unten lagen Quintal und McCoy auf der Erde – zerkratzt, blutend, mit zerrissenen Kleidern. Die Tische und Bänke waren umgeschmissen, und der ganze Boden war mit zerbrochenem Glas übersät.

Am nächsten Tag und am übernächsten zechten wir weiter. Plötzlich hatte ich das Gefühl, daß mit den Frauen etwas nicht in Ordnung sei. Nicht eine hatte sich blicken lassen, und wir hatten kaum mehr etwas zu essen im Haus. Ich suchte in allen Häusern, aber nirgends war eine Spur von ihnen zu finden.

Da machte ich mich auf den Weg ins Auté-Tal. Als ich von dem Bergrücken ins Tal hinunterstieg, blieb ich wie erstarrt stehen. Alle Bäume waren gerodet, das ganze Land urbar gemacht worden. Überall waren Plantagen und Gärten; Hühnerställe und Schweinekoben gab es auch. Was mich am meisten in Erstaunen setzte, war eine Art Barrikade, die bis zu den Klippen auf der Südseite reichte. Sie war aus Baumstäm-

men gemacht, die tief im Boden steckten, und mindestens zwölf Fuß hoch. Es war eine richtige kleine Festung.
Ich war so verblüfft, daß ich mich zuerst gar nicht rühren konnte; dann ging ich langsam darauf zu, bis ein paar Frauen mich erblickten; vier von ihnen kamen mir entgegen.
Mrs. Christian ging voran. Moetua, Prudence und Hutia waren bei ihr, und jede trug eine Flinte in der Hand. Als ich ungefähr auf zehn Meter herangekommen war, rief Maimiti: »Bleib stehen, Alex! Was willst du?«
»Wo ist Balhadi?« fragte ich. »Ich verlange, daß sie nach Hause kommt.«
Maimiti sah mich ruhig an. Dann sagte sie: »Balhadi will nichts mehr mit dir zu tun haben.«
»Das soll sie mir selbst sagen«, schrie ich.
Maimiti winkte Balhadi heran und fragte, ob sie zu mir zurückkehren wolle, und sie sagte: »Nein.«
Und dann sprach Maimiti wieder zu mir: »So, jetzt geh zurück, Alex, und merk dir wohl: Ihr habt auf der anderen Seite der Insel zu bleiben. Dort könnt ihr machen, was ihr wollt; aber wenn ihr das Auté-Tal betretet, so tut ihr das von heute an auf eigene Gefahr. Wir haben sämtliche Musketen hier und das ganze Pulver und Blei.«
Ich machte mich auf den Heimweg, und die Frauen sahen mir nach, bis ich im Wald verschwunden war. In der Ansiedlung angelangt, durchsuchte ich alle Häuser. Die Frauen hatten tatsächlich alle Flinten und Pistolen mitgenommen, und die ganze Munition war aus dem Vorratshaus verschwunden. Auch ihre eigenen Sachen hatten sie weggebracht.
Quintal und McCoy waren noch sternhagelvoll betrunken. Young traf ich draußen im Freien. Als ich ihm alles erzählt hatte, lächelte er bitter. »Wir haben nichts anderes verdient«, sagte er.
Am Nachmittag, als McCoy und Quintal aus ihrem Rausch

erwachten, erzählte ich ihnen, was die Frauen mir gesagt hatten. McCoy war dafür, sich nicht um sie zu kümmern. »Besser hätten wir es uns gar nicht wünschen können«, meinte er. »Lassen wir sie ihrer Wege gehen, und wir gehen unserer Wege.«

Aber Quintal hatte wieder einmal seinen schlechten Tag. »Fällt mir nicht ein, mir das gefallen zu lassen«, sagte er. »Mit mir sollen sie sich nicht solche Scherze erlauben. Ich gehe und hole mir ein paar von ihnen herüber.«

»Das wirst du bleibenlassen, Matt«, sagte McCoy. »Sei kein Narr. Sie haben alle Musketen, und die meisten von ihnen können geradeso gut schießen wie du. Wenn wir ruhig hier sitzenbleiben, so kommen sie schon von selbst wieder zurück.«

»Du kannst hier sitzenbleiben, wenn du willst«, sagte Quintal. »Ich gehe.« Und er stand auf und ging ohne ein weiteres Wort fort.

»Was meinst du, Alex?« fragte McCoy. »Werden sie ihm was tun? Am besten sehen wir uns selbst an, was geschieht. Ich bin neugierig, wie die Festung aussieht, die sie gebaut haben.«

Wir sahen keine Spur von Quintal, bis wir oberhalb des Auté-Tales waren. Er stand am Waldrand und starrte auf die Festung hinunter. Als wir ihn erreicht hatten, schlug McCoy ihm vor: »Wenn du nicht verrückt bist, so kommst du mit Alex und mir zurück. Du macht es nur noch schlimmer, wenn du sie reizt. Komm und laß sie in Ruhe.«

Aber Quintal konnte man nicht überreden, wenn er sich einmal etwas in den Kopf gesetzt hatte. »Bleibt hier stehen und seht zu«, sagte er. »Eure Hilfe brauch' ich nicht, wenn ihr davor Angst habt.«

Sobald Quintal aus dem Wald heraustrat, sahen ihn die Frauen, die im Garten arbeiteten, und statt in die Festung zurückzulaufen, wie wir es erwartet hatten, stellten sie sich in einer Reihe auf und ließen Quintal herankommen. Moetua und Prudence hatten Gewehre in der Hand. Neben ihnen standen auf der einen Seite Mrs. Christian und Hutia, auf der anderen Balhadi und Taurua. Als Quintal noch ungefähr fünfzig Meter entfernt war, blieb er stehen; dann ging er weiter, langsam und gleichmäßig. Er hatte noch keine drei Schritte gemacht, als Maimiti bereits schoß; Quintal schwankte einen Augenblick und fiel zu Boden. Mit einem Gebrüll sprang er auf, und jetzt feuerte Prudence. Quintal schien genug zu haben. Er rannte den Abhang hinauf, so rasch er konnte, die Frauen hinter ihm her. Dann stürzte er in das Dickicht und hinunter in das Haupttal. Wir folgten ihm; wir hatten keine Lust zu sehen, was die Frauen weiter vorhatten.

Als wir zu Hause ankamen, saß Quintal auf der Bank bei der Tür und hielt sich die linke Schulter; über sein Gesicht strömte das Blut herab. Maimitis Schuß hatte seine Schulter gestreift, aber Prudence hatte es auf sein Leben abgesehen, und Quintal konnte froh sein, daß er überhaupt davongekommen war. Die Kugel hatte ihm ein Ohr zur Hälfte abgerissen. Eine Stunde lang hatten wir damit zu tun, ihn zu verbinden. Von diesem Tag an wurde er immer sonderbarer. Er sprach mit sich selbst, sogar wenn wir dabei waren, und meistens verstand man gar nichts von dem Zeug, das er da vor sich hin redete. Eine Zeitlang ging es ziemlich ruhig bei uns her. McCoy und Quintal arbeiteten in der Brennerei, und bald waren sie soweit, daß nicht nur alle Flaschen, die wir hatten, sondern auch ein paar Fäßchen mit Branntwein gefüllt waren. Ich fing wieder an, ein bißchen auf den Plantagen zu arbeiten; damit und mit Fischen brachte ich den größten Teil des Tages zu. Aber wenn der Abend kam, setzte ich mich hin, soff mit den anderen und schämte mich dabei vor mir selbst.

Mr. Young sahen wir selten; er kam nie mehr in McCoys Haus. Und bis zu seinem letzten Tag rührte er keinen Tropfen mehr

an. Ich machte mir Sorgen um seine Gesundheit. Im vergangenen Jahr hatte es ihn gepackt: Es sah ganz wie Asthma aus. Und jetzt wurde es immer schlimmer mit ihm.
Als Quintals Wunden verheilt waren, fanden er und McCoy, daß sie lange genug abwartend gewesen seien.
»Was hast du vor?« fragte ich Will. »Willst du Mary zurückholen?«
»Mary? Ich möchte sie nicht haben, und wenn sie auf den Knien zu mir gekrochen käme. Es sind ja genug andere da, und eine von ihnen hole ich mir.«
Am nächsten Morgen, als ich nicht zu Hause war, machten sich Quintal und McCoy erneut auf den Weg zu den Frauen. Sie waren betrunken wie gewöhnlich, aber nicht so sehr, daß sie nicht auf sich aufpassen konnten; sie waren klar genug, daran zu denken, daß die Frauen schießen konnten.
Einen Tag später erfuhr ich, was sich damals abgespielt hat. Als sie auf der Anhöhe angekommen waren, versteckten sie sich so, daß sie über die Anpflanzung hinweg die Barrikade sehen konnten. Gute zwei Stunden warteten sie, dann sahen sie Jenny und Nanai herauskommen. Sie hatten Körbe auf dem Arm, aber keine Waffen.
Auf der Südseite des Berges geht ein kleines Tal zum Meer hinunter. Sie warteten, bis sie sicher waren, daß Jenny und Nanai dorthin gingen, und versteckten sich dann direkt neben dem Pfad, der durch die Schlucht führte. »Ich nehme Jenny, und du kannst Nanai haben«, sagte McCoy.
Bald darauf sahen sie Nanai zwischen den Büschen heraufkommen. Sie war Tetahitis Frau gewesen, wie Sie sich erinnern werden. Keine hatte größere Angst vor Quintal als sie.
Als die Frauen die Höhe erreicht hatten, stellten sie ihren Korb nieder, um sich auszuruhen. Quintal sprang aus dem Gebüsch und packte Nanai. Diese war vor Schreck so starr, daß sie sich gar nicht wehrte, und sie banden ihr Hände und Füße, dann

knebelten sie sie, damit sie nicht schreien konnte. Jenny war nicht weit zurück, und die hatten sie auch, ehe sie wußte, wie ihr geschah. Sie trugen die Frauen in ihr Haus; Nanai machten sie los, aber Jenny ließen sie noch gefesselt.
Ich brauche Ihnen wohl nicht zu sagen, was weiter geschah. Zuerst versuchten sie, die Frauen betrunken zu machen, und als das keinen Erfolg hatte, vergewaltigten sie sie brutal. In der Nacht, als Quintal und McCoy schliefen, flüchteten die beiden Frauen.

18

Am nächsten Tag kam Young zu uns. Er hatte einen bösen Asthmaanfall und konnte kaum sprechen. Als wir ihm einen Stuhl gebracht hatten, mußte er so stark husten, daß er fast erstickte.
»Ich habe euch eine Nachricht von den Frauen zu bringen«, sagte er, als er sich erholt hatte. »Maimiti sagt, daß ihr drei die Insel verlassen sollt. Ihr könnt euch den Kutter nehmen und alles, was ihr braucht, aber ihr müßt weg.«
»Weg?« rief ich. »Wohin?«
»Nach Tahiti, denkt sie wohl. Wohin ihr wollt, wenn ihr nur die Insel verlaßt. Drei Tage geben sie euch Zeit.«
»Und glaubst du wirklich, wir werden so dumm sein, das zu tun?« fragte McCoy.
»Maimiti verlangt es«, antwortete er keuchend. Bei jedem Wort, das er sprach, mußte er um Atem ringen. »Es ist am besten, ihr tut es. Ich fahre mit euch.«
»Nein, das wirst du nicht, Ned! Glaubst du, daß wir das bei deinem Zustand zulassen würden?«
Er sagte müde: »Ich will weg . . . weg von hier. Wir könnten

vielleicht eine von den Inseln im Westen erreichen, an denen wir auf der Fahrt hierher vorbeikamen.«

»Und wenn wir nicht gehen? Was dann?« rief McCoy.

»Maimiti meint es ernst. Sie wird etwas gegen euch unternehmen, wenn ihr hierbleibt.«

Quintal lachte. »Sie soll es nur versuchen.«

Drei Tage gingen vorüber, ohne daß sich die Frauen zeigten. Nachdem wir am vierten Tag Mittag gegessen hatten, schliefen wir wie gewöhnlich. Es war schon ziemlich spät am Nachmittag, als wir aufwachten. Ich sah die Sonnenstrahlen durch die geschlossenen Fensterläden dringen. Das Haus hatte vier Fenster, je zwei auf einer Seite. Ich stand auf, um die Fensterläden zu öffnen. Als ich gerade beim ersten war, wurde am Waldrand eine Flinte abgeschossen; die Kugel sauste dicht an meinem Kopf vorbei. Ich duckte mich und schlug den Fensterladen wieder zu. McCoy schlief auf dem Fußboden. Er hob den Kopf und fragte: »Was ist los?« Kaum hatte er gesprochen, als eine zweite Kugel das Holz des Fensterladens, den ich gerade geschlossen hatte, durchschlug. Das weckte sogar Quintal auf; er richtete sich auf und glotzte uns an. Ich gab ihm ein Zeichen, er solle sich ruhig verhalten, und kroch zu einem Astloch in der Wand.

Das erste, was ich sah, war ein Musketenlauf, der aus dem Gebüsch herausragte und auf die Tür gerichtet war, und ein Stück weiter wieder einer. Eine Sekunde lang sah ich Hutia hinter einem Baum. Inzwischen hatte Quintal die Tür eine Ritze weit aufgemacht. Zwei Schüsse wurden auf ihn abgegeben, einer streifte seine Hüfte. Jetzt wußten wir, daß das Haus umzingelt war und daß die Frauen uns umbringen würden, wenn sie könnten. Wir konnten nichts anderes tun als uns verborgen halten.

Einige Zeit später kamen ein paar von den Frauen ganz dicht an das Haus heran, mit Fackeln aus trockenen Palmwedeln in der Hand, und steckten es in Brand. Ein paar Minuten danach stand das ganze Gebäude in Flammen. Wir hatten gerade noch Zeit, ins Freie zu flüchten, und das war gefährlich genug. Mit einem Satz war ich beim Kochhaus, da schoß eine von ihnen auf mich, die hinter einem Felsen versteckt war. Aber ehe die anderen einen Schuß abgeben konnten, hatte ich den Wald erreicht. Ich stieg zum Westgrat empor und wartete, bis der Mond aufging; dann ging ich zu Youngs Haus.

Ich vergewisserte mich, daß niemand in der Nähe war, und schlüpfte hinein. Young war verschwunden. Später erfuhr ich, daß die Frauen ihn auf einer Tragbahre in ihre Ansiedlung gebracht hatten, um ihn zu pflegen. Wenig später hörte ich, wie McCoy Neds Namen rief. Er hatte sich unter einem Banyanbaum in der Nähe des Hauses versteckt. Am Bein hatte er eine stark blutende Fleischwunde. Ich reinigte die Wunde und verband sie.

Am nächsten Morgen, ehe es hell wurde, verließen wir das Haus. Zehn Tage lang hielten wir uns von der Ansiedlung fern. Dann zogen wir in Youngs Haus.

Nach drei Wochen waren wir sicher, daß die Frauen uns in Ruhe lassen würden, wenn wir sie nicht belästigten. McCoy mußte lange liegen; ich verbrachte den größten Teil des Tages damit, Quintals Leiche zu suchen. Denn daran, daß er tot war, zweifelten wir nicht.

Immer wieder machte ich mich auf die Suche nach Quintal. Es gab keinen Fleck in der ganzen Umgebung, den ich nicht durchsucht hätte. Eines Morgens – McCoy war jetzt wieder so weit hergestellt, daß er mitsuchen konnte – kletterten wir den Ziegenberg hinauf. Und dort, nahe beim Gipfel, wo die Felsen senkrecht ins Meer abstürzten, fanden wir, gegen einen Felsblock gelehnt, den Griff einer Axt. Es war eine von denen, die in McCoys Haus gewesen waren, als es niederbrannte. Der Stiel war mit getrocknetem Blut befleckt, und es schien uns,

als sei auch auf dem Felsen selbst Blut. Eine gefährliche Stelle, dieser Gipfel! Selbst für einen gesunden Mann ist es nicht leicht, dort festen Stand zu finden, und der Axtgriff war keine drei Fuß vom Rand der Felswand entfernt. McCoy kroch bis an den Rand und blickte hinunter, aber es war nichts zu sehen als die Brandung, die gegen die Klippen schlug. Wir wußten zwar nicht, warum Matt hierhergekommen war, aber daß er dagewesen war, erschien uns sicher, und auch, daß wir seine Leiche nie finden würden.
In der folgenden Nacht fing es an zu regnen, und der Sturm blies schwer von Osten her. So blieb es drei Tage. Wir konnten nichts anderes tun als zu Hause bleiben, und wir fingen wieder an zu trinken wie früher.
Eines Abends kehrte ich von einem Spaziergang ums Haus zurück und sah, daß McCoy alle Türen und Fenster geschlossen hatte. Im Haus war es so dunkel, daß ich zuerst gar nichts sehen konnte. »Will! Wo steckst du?« rief ich. Da hörte ich plötzlich seine Stimme aus einer Ecke des Zimmers.
»Bist du es, Alex? Rasch, rasch! Schließ die Tür!«
Ich suchte eine Kerze und zündete sie an. McCoy hockte in einer Ecke, vor ihm war ein umgeworfener Tisch, hinter dem er sich versteckte. Er sah schrecklich aus; am ganzen Leib zitternd, blickte er mich an wie ein Wahnsinniger.
»Was hat das zu bedeuten, Will?« fragte ich so harmlos, wie ich nur konnte. »Was spielst du denn da für ein Spiel mit mir?«
Er starrte auf die Tür mit einem Blick, den ich nie vergessen werde. Dann sprang er auf; in drei Sätzen war er neben mir auf der Bank und umklammerte meinen Arm mit beiden Händen. Noch am nächsten Tage waren die Spuren seiner Nägel auf meiner Haut zu sehen.
»Er soll mich nicht anfassen!« rief er mit einer Stimme, die mir durch und durch ging. Dann verkroch er sich unter dem Tisch und hielt mich bei den Beinen fest.

»Was ist denn los mit dir?« fragte ich. »Vor wem hast du denn Angst?«
»Minarii«, wisperte er. »Dort bei der Tür!«
»Du bist wohl verrückt, Will! Es ist kein Minarii da. Meinst du, ich würde ihn nicht auch sehen, wenn er da wäre? Komm, sieh dich doch selber um.«
Er drehte sich um, bis er die Tür sehen konnte.
»Glaubst du mir jetzt?« fragte ich. »Es ist niemand hier außer uns beiden.«
»Ja, er ist weg«, sagte er mit zitternder Stimme. »Du hast ihn vertrieben.«
»Er ist nie hier gewesen«, sagte ich. »Du bildest dir das bloß ein!« Ich versuchte aufzustehen, aber er hielt mich fest.
»Verlaß mich nicht, Alex!«
Als die Nacht kam, wurde es immer schlimmer mit ihm. Er redete wildes Zeug durcheinander, von dem ich nur die Hälfte verstand; aber soviel begriff ich, daß er Minarii sah und die Köpfe aller ermordeten Weißen, den von Mr. Christian mitten darunter.
So ging es bis lange nach Mitternacht. Ich zündete eine Kerze nach der anderen an, aber schließlich war keine mehr vorhanden. Sie können sich vorstellen, wie es war, als es dunkel wurde im Zimmer. Er sah Minarii, wie dieser mit einem großen Messer in der Hand auf ihn zukroch. Ich war um einiges stärker als McCoy, aber ich hatte die größte Mühe, ihn festzuhalten, wenn das Grauen über ihn kam, und die Schreie, die er ausstieß, hatten nichts Menschliches mehr.
Es fing gerade an, hell zu werden, als ich merkte, daß er eingeschlafen war. Ich war total erschöpft, das können Sie mir glauben. Kaum daß ich mich bis zum Tisch schleppen konnte. Ich legte meinen Kopf auf meinen Arm und schlief sofort fest ein, bis ich von einem Schrei geweckt wurde, und ehe ich noch meine fünf Sinne beieinanderhatte, war McCoy auch schon

zur Tür hinaus. Ich lief ihm nach, aber der Weg war in dem Regen so rutschig, daß ich immer wieder hinfiel. Als ich bei den Felsen nahe bei Mr. Christians Haus war und hinunterblickte, sah ich seinen Körper tief unten auf den Felsen aufschlagen, gerade als eine gewaltige Woge kam und ihn mit sich riß. Eine halbe Stunde lang stand ich dort und blickte hinunter, aber ich sah ihn nicht mehr.

19

Dann, Sir, ging ich geradewegs zu der Stelle, wo wir unsere Branntweinvorräte aufbewahrten, zu einem Loch in den Felsen auf der Seeseite von McCoys altem Haus. Und ich schlug die beiden Fäßchen kaputt, so daß der Schnaps herausfloß, und die Flaschen zerschlug ich an den Felsen. Danach holte ich die Kupferröhre, die uns zur Herstellung des Branntweins gedient hatte, lief wieder zum Felsrand zurück und warf sie hinunter. Als ich sie im Meer versinken sah, sagte ich zu mir selbst: »Gott sei Dank, jetzt ist Schluß damit!«
Ich fühlte mich so zerschlagen, daß ich mich eine ganze Woche lang hätte schlafen legen können, aber ich brachte es nicht über mich, in Mr. Christians Haus zurückzugehen oder in eines von den beiden anderen, in denen meine Kameraden gelebt hatten. Daher ging ich zu dem Haus, das von den Indios bewohnt worden war. Wie viele Abende hatte ich dort verbracht, damals, ehe der Streit zwischen uns ausgebrochen war. Ich hatte die braunen Männer sehr gern gemocht, ganz besonders Minarii und Tetahiti. Sie könnten lange suchen, ehe Sie zwei bessere Menschen fänden, ob braun oder weiß. Hie und da zerbrach ich mir den Kopf darüber, warum sie uns alle hatten umbringen wollen. Daß sie ein paar von uns haßten,

wußte ich, aber daß sie alle von uns tot sehen wollten, das hätte ich nie geglaubt.
Doch wenn man richtig darüber nachdenkt, so ist es ja wohl zu begreifen, daß sie keinen von uns am Leben lassen wollten, nachdem das Morden einmal angefangen hatte. Sie oder wir, mußte es damals heißen.
Seit Monaten war ich nicht mehr bei ihrem Haus gewesen, und jetzt sah es recht traurig aus. Der Weg war mit Gestrüpp überwuchert und das Haus schon ziemlich verfallen. Aber ich ging doch hinein und legte mich hin, und nach fünf Minuten war ich eingeschlafen.
Ich schlief bis zum nächsten Morgen, und mein erster Gedanke, als ich aufwachte, war, daß ich einen guten steifen Grog gebrauchen könnte. Ich versuchte mit aller Kraft, die Idee aus dem Kopf zu bekommen, aber je mehr ich es versuchte, desto schlimmer wurde es, und das Ende davon war, daß ich zu der Stelle lief, wo wir den Branntwein aufbewahrt hatten, um mich zu überzeugen, ob ich nicht am Vortage eine Flasche übersehen hätte. Aber nein, es war keine übriggeblieben, und so saß ich also da und schaute auf die glänzenden Glasstücke hinab, die unten zwischen den Felsen lagen. Und ich hieß mich einen Narren. Wenn Sie je in Ihrem Leben getrunken und plötzlich wieder damit aufgehört haben, so werden Sie verstehen, in welchem Zustand ich mich befand. Es war so weit mit mir gekommen, daß mir der Schnaps wichtiger war als Essen oder Schlafen oder sonst irgend etwas.
Da fiel mir ein, daß McCoy einmal aus Tiwurzeln eine Art Bier gebraut hatte. Es war ein bitteres Zeug gewesen, das einen in der Kehle würgte, aber stark. Kaum war mir der Gedanke gekommen, als ich mit einem Sack über der Schulter zu McCoys Tipflanzungen ging. Aber ehe ich hinkam, blieb ich plötzlich stehen. Ich könnte Ihnen die Stelle zeigen, Sir, und den Felsblock, auf den ich mich damals gesetzt habe und wo

ich den Kampf mit mir selber ausgefochten habe. Ich dachte an all das Elend, das wir in den letzten Jahren über die Frauen und über uns selbst gebracht hatten. Ich dachte an die Kinder. Ich wußte, wenn ich Tiwurzeln ausgraben würde, so wäre ich verloren. Dann würde ich enden wie McCoy. »Nie und nimmer«, sagte ich laut vor mich hin. »Zurück mit dir, Alex Smith, und mach ein Ende, ein für allemal!«

Und das tat ich, wenn ich auch vierzehn Tage lang Entsetzliches durchmachte. Ich konnte nicht schlafen; ich konnte nichts essen; ich hatte Angst, daß mich dasselbe Grauen packen würde wie McCoy, ehe ich am Ziel war. Aber ich ließ nicht locker.

Allmählich ging es leichter. Ich fand bei Nacht wieder Ruhe; ich ging nicht mehr auf und ab, bis ich so zerschlagen war, daß ich kaum mehr stehen konnte.

Ich zog wieder in mein altes Haus, wo ich mit Young gelebt hatte, und machte alles so sauber, daß es glänzte. Dann brachte ich auch die anderen Häuser in Ordnung, aber warum ich es tat, hätte ich nicht sagen können. Vielleicht dachte ich heimlich, daß die Frauen eines Tages zurückkämen. Aber ich ging nicht zu ihnen hinüber, denn ich hatte meinen Stolz. Nein, den ersten Schritt zu tun war ich nicht bereit. Eines Tages jätete ich in meinem Garten Unkraut. Da hörte ich im Gebüsch hinter mir etwas rascheln. Ich drehte mich um, da war es meine Frau. Mit drei Schritten war sie bei mir und dann auf den Knien neben mir. Sie legte ihre Arme um mich und ihren Kopf auf meine Schulter und fing an zu weinen, ganz leise, so wie es die Frauen bei den Indios tun. Ich hatte ein ganz sonderbares Gefühl im Herzen, aber ich saß nur da und sah vor mich hin. Nach einer Weile, als ich sicher war, daß ich mich gefaßt hatte, sagte ich: »Wo ist deine Flinte, Balhadi? Hast du nicht Angst, ohne sie umherzulaufen? Ich könnte dir etwas antun.«

Sie sagte nichts, sondern drückte mich nur ein bißchen fester.

Ich ergriff ihre Hand, und so blieben wir gute zehn Minuten. Es war wie in den alten Tagen, ehe das Unglück begonnen hatte. Ich erzählte ihr von McCoy, und sie weinte darüber, denn sie war keine nachtragende Frau, und Will war ein guter Mensch, den alle gern hatten, wenn er nüchtern war.
Dann weinte sie wieder, aber aus Freude, als ich ihr sagte, daß ich die Brennerei und den Schnaps vernichtet hatte. Ein bißchen verletzt war ich darüber, daß Young sich nie hatte blicken lassen, aber Balhadi sagte mir, er sei zu krank dazu.
»Ich würde ihn gerne wiedersehen«, sagte ich.
»Dann komm, Alex«, sagte sie. »Kein Tag ist vergangen, an dem er nicht von dir gesprochen hätte. Alle werden dich willkommen heißen, das kann ich dir versprechen.«
»Nein, Balhadi«, sagte ich. »Ich will hierbleiben. Du kannst Maimiti und den anderen sagen, wie es jetzt mit mir steht. Wenn sie mich sehen wollen, so wissen sie, wo sie mich finden können.«
So ging sie allein weg. Das war am Morgen, und drei Stunden später waren sämtliche Frauen bei meinem Haus; manche trugen ihre Kinder oder führten sie an der Hand, manche kamen mit Körben und Bündeln – alles, was sie auf einmal mitnehmen konnten –, Maimiti voran, und Moetua, die Ned Young huckepack trug, als wäre er ein Kind.
Manche von den Kleinen hatte ich noch nie gesehen. Achtzehn Kinder waren es im ganzen. Wie ich die fröhliche Schar sah, so hübsche, gesunde Kinder, wie sie sich ein Mensch nur wünschen kann, da tat mir das Herz so weh, daß ich es nicht beschreiben kann, denn ich dachte an die Väter, die alle tot und begraben waren. War es denn möglich, daß wir vier nach der Metzelei solche Bestien sein konnten, trotz all der Kleinen, die wir hätten liebhaben und für die wir hätten sorgen müssen? Wir müssen ganz und gar verrückt gewesen sein, anders ist es nicht möglich.

Die Mütter kamen auf mich zu, eine nach der anderen, und begrüßten mich freundlich. Kein Wort wurde gesprochen von dem, was vergangen war. Ich sah gleich, welche Veränderung mit den Frauen vorgegangen war. Prudence und Hutia zum Beispiel waren wilde junge Dinger gewesen, als die »Bounty« auf die Insel kam, voll Mutwillen, immer zu irgendwelchen Streichen aufgelegt. Jetzt aber waren sie richtige Frauen geworden und ihren Kindern gute Mütter.
Wir teilten uns wieder in Haushalte wie früher. Mrs. Christian mit ihren Kindern und Sarah und Mary mit den ihren zogen in das Haus, in dem Young und ich gewohnt hatten. Moetua, Nanai, Susannah und Jenny lebten in Mr. Christians Haus. Young lebte mit Taurua und Prudence und ihren Kindern dort, wo früher Mills und Martin gehaust hatten, und Balhadi, Hutia und ich zogen in das frühere Heim der Indios.
In ein paar Tagen war alles vom Auté-Tal herübergeschafft. Es tat meinem Herzen wohl, die Häuser, die so lange leergestanden hatten, mit Frauen und Kindern angefüllt zu sehen. Mr. Young war ein neuer Mensch geworden. Ich sah ihn nie lachen oder scherzen, aber er hatte wieder Frieden gefunden. Seine Kräfte kehrten langsam wieder zurück; er pflegte vor seinem Haus zu sitzen und zuzusehen, wie die Kinder kamen und gingen, und das, glaube ich, stärkte und tröstete ihn. Donnerstag Oktober war ein Junge geworden, auf den jeder Vater hätte stolz sein können; ein geschickter Junge, wie ich kaum je einen zweiten gesehen habe, klug und vernünftig über seine Jahre hinaus. Keines der Kinder wußte, was geschehen war, als sie noch klein waren, und wir waren alle dafür, daß sie es nie erfahren sollten.
Eines Tages machte ich mich mit den fünf größten Kindern auf, um ihnen die Westseite der Insel zu zeigen. Das ist eine wilde Gegend, voll mit steil ansteigenden Felsen und Schluchten. Seit Monaten hatte ich sie nicht mehr betreten, auch keine

von den Frauen. Die Kinder waren überhaupt noch nicht dort gewesen.

Es war ein heller, kühler, friedlicher Morgen. Als wir den steilen Weg zum westlichen Bergrücken emporstiegen, da kam es mir so richtig zum Bewußtsein, daß diese Insel meine zweite Heimat geworden war. Am Anfang hatte sie mir ja auch gefallen, aber später kamen dann Zeiten, da träumte ich davon, ein Schiff würde kommen, kein englisches, sondern ein spanisches oder eines aus den amerikanischen Kolonien, und ich würde meinen Namen ändern und schließlich wieder nach England gelangen. Aber jetzt waren alle diese dummen Gedanken verschwunden. Das zeigt Ihnen am besten, daß ich mich verändert hatte, und das hatten die Kinder fertiggebracht.

Als wir auf der Höhe des westlichen Bergrückens angekommen waren, setzte ich mich hin, um mich auszuruhen, und ließ die Kinder umherstreifen, soviel sie wollten.

Der kleine Matt Quintal vergnügte sich damit, in dem Gebüsch tief unter mir den wilden Hühnern nachzujagen, aber plötzlich hörte ich ihn einen Schrei ausstoßen, der mir durch Mark und Bein ging. Ich kletterte, so rasch ich konnte, zu ihm hinab. Er war so erschrocken, daß er zuerst gar nicht sprechen konnte. Ich nahm ihn auf den Schoß, und er umschlang meinen Hals, als ob er mich nie wieder loslassen wollte.

»Was ist denn, Matty?« fragte ich, und da sagte er mir zitternd, er habe ein Varua Ino gesehen. So nennen die Indios einen bösen Geist. Der Junge war halb tot vor Angst. Endlich brachte ich ihn soweit, daß er mir erzählte, er habe einen großen Mann gesehen, der auf einem Felsen gesessen habe.

»Ich will dir sagen, was du gesehen hast, mein Junge«, versuchte ich ihn zu beruhigen, »dort unten gibt es steinerne Bildsäulen, viel größer als ein Mann, die haben die Leute gemacht, die früher einmal hier gewohnt haben. Sie sehen aus wie Menschen, aber sie können einem nicht mehr tun als der Felsen, auf dem wir hier sitzen.«

»Er hat sich aber bewegt«, sagte er.

»Das bildest du dir nur ein, Matty«, erklärte ich ihm.

»Nein, nein! Ich habe es ganz deutlich gesehen. Er hat sich bewegt!«

Ich stieg mit ihm zum Kamm hinauf, und auch die anderen Kinder waren wieder zurückgekommen. Sie alle glaubten, daß Matty einen bösen Geist gesehen habe. Da sagte ich: »Dann bleibt hier sitzen, Kinder, ich gehe und werfe den Geist ins Meer, und dann werdet ihr ihn nie mehr sehen!«

Ich hatte vor, ein bißchen wegzugehen, so daß die Kinder mich nicht mehr sehen konnten, und dann zurückzukommen und ihnen zu sagen, daß ich den bösen Geist ein für allemal vertrieben hätte.

Aber da bemerkte ich etwas, was auch mir einen Schreck einjagte. In dem weichen Erdboden sah ich die Spuren von zwei nackten Füßen, um die Hälfte größer als meine eigenen. Ganz leise ging ich ein Stück weiter bis zu einer kleinen Höhle, in der ich mich in früheren Tagen manchmal vor dem Regen geschützt hatte. Ich schob die Sträucher, die den Eingang verdeckten, beiseite und schaute hinein. Da saß, mit dem Rücken zu mir, Matt Quintal.

Er hatte nichts am Leibe außer einer alten Seemannshose. Unter dem Felsen hatte er sich aus Farnkraut und trockenem Gras ein Lager gemacht und hockte davor, klopfte Seevogeleier auf und trank sie aus. Neben ihm lag der Kadaver eines wilden Schweines, und überall in der Höhle lagen Knochen umher.

Wenn ich meine fünf Sinne beieinandergehabt hätte, wäre ich, ohne ein Wort zu sprechen, weggeschlichen, aber statt dessen rief ich: »Matt!«

Langsam wandte er den Kopf, und dann erblickte er mich.

Ich versuchte leichthin und natürlich zu sprechen. »Matt, du Halunke«, sagte ich, »wo hast du dich die ganze Zeit über versteckt gehalten? Wahrhaftig, wir glaubten, du seist tot!«
Kaum hatte ich das herausgebracht, als er eine Keule ergriff und mit einem Gebrüll auf mich losging, wie ich es noch nie gehört habe, weder von einem Tier noch von einem Menschen. Ich lief, so schnell ich konnte, und versteckte mich in einem Gebüsch, bis er wieder in seine Höhle zurückgekehrt war.

Als ich mich ein bißchen gefaßt hatte, eilte ich zu den Kindern zurück. Sie hatten Quintals Gebrüll gehört, uns aber nicht gesehen, und ich hielt es für das beste, zu sagen, ich hätte diesen Lärm gemacht, um das Gespenst zu verscheuchen.

Nach Haus zurückgekehrt, berichtete ich Young, was ich gesehen hatte. Ohne Zweifel glaubte Quintal in seinem Wahn, außer ihm sei niemand auf der Insel. »Es ist nicht wahrscheinlich, daß er, seitdem er dort unten lebt, je auf dieser Seite der Insel gewesen ist. Aber jetzt, wo er dich gesehen hat, kann man nicht wissen, was er tun wird.«

Bekümmert schüttelte er den Kopf. »Ich habe geglaubt, die schlimmsten Tage lägen hinter uns«, sagte er, »aber es muß ein Fluch auf uns ruhen.«

Wir beschlossen, die Frauen einzuweihen. Wir riefen sie zusammen, und ich erzählte ihnen die volle Wahrheit. Sie waren ganz starr vor Schreck, besonders Sarah, die Quintals Frau gewesen war. Trotzdem wollte sie nichts davon hören, daß jemand die Hand gegen ihn erhebe. Jenny hingegen riet uns, ihn sogleich zu erschießen, und Prudence und Hutia stimmten ihr zu, aber Mrs. Christian und die übrigen waren dagegen.

»Die Zeit wird kommen, Alex«, meinte Jenny, »wo ihr es bereuen werdet, meinen Rat nicht befolgt zu haben.«

Sie kam früher, als wir geglaubt hatten. Zwei Tage später hörte

ich Schreie in der Gegend des Hauses, in dem Mrs. Christian wohnte. Gleich darauf vernahm ich drei Gewehrschüsse. So rasch ich konnte, lief ich hin und fand die Frauen in einem schrecklichen Zustand. Die kleine Sarah McCoy war zur Quelle gegangen, um Wasser zu holen, und hatte Quintal gesehen, wie er vom Grat herunterstieg. Sobald er sie erblickt hatte, war er hinter ihr hergejagt. Mrs. Christian hatte die Angstschreie des Kindes gehört und war mit einer Muskete hinausgelaufen. Quintal hatte das Kind schon beinahe erreicht, als Maimiti über seinen Kopf hinwegschoß. Da machte er kehrt und lief in den Wald.
Von dem Augenblick an wagten wir es nicht mehr, so verstreut zu wohnen wie bisher. Die Hälfte der Frauen und Kinder zog in Youngs Haus, die anderen zu mir. Jeden Tag stieg ich mit einer Flinte und dem Fernglas zum Grat hinauf, um Wache zu halten, und meistens sah ich ihn. Einmal konnte ich ihn fast eine halbe Stunde beobachten. Splitternackt saß er auf einem Felsblock. Er sprach mit sich selbst und benahm sich so merkwürdig, wie Verrückte es eben zu tun pflegen. Eines Nachmittags konnte ich ihn nicht erblicken. Als ich gegen Abend zur Ansiedlung zurückkehrte, kamen mir einige der Frauen in höchster Erregung entgegen.
Quintal war in unserer Nähe gesehen worden, aber das war noch nicht das Schlimmste. Er war aus dem Wald herausgestürzt und Sarah, seiner Frau, und Mary McCoy nachgerannt. Sie waren keine hundert Meter vom Haus entfernt gewesen. Mary berichtete, was geschehen war. Quintal hatte sie überholt und Sarah verfolgt. Die arme Frau war so entsetzt, daß sie gar nicht versuchte, das Haus zu erreichen, sondern in die entgegengesetzte Richtung lief. Sie rannte auf den Rand der Hochfläche zu, Quintal immer dicht hinter ihr her.
Als sie sah, daß ihr kein anderer Ausweg blieb, stürzte sie sich über die Felswand hinab.

Als es am nächsten Morgen hell wurde, machte ich mich mit Young auf den Weg. Jeder von uns hatte eine Flinte bei sich, und außerdem hatte ich für den Notfall ein Beil in meinen Gürtel gesteckt. Wir wußten, daß wir Quintal töten mußten, würde es uns auch noch so schwer fallen.
Als wir nahe bei der Höhle waren, fanden wir Quintal schlafend hinter einem Busch, keine zehn Schritte entfernt. Gleich als ich ihn sah, hob ich meine Flinte. Aber ich konnte nicht abdrücken. Ich stand da und dachte an Matt Quintal, wie ich ihn auf der »Bounty« gekannt hatte. Dann fielen mir die Kinder ein und Sarah. Da wußte ich, daß ich es tun mußte. Ich hob die Axt und ließ sie mit aller Kraft auf seinen Schädel niedersausen.

20

Es war ein rascher Tod, ein barmherziger Tod. Ich mußte mich einen Augenblick hinsetzen, so erschüttert war ich. Dann grub ich ihm ein Grab, mit der Axt, mit der ich ihn getötet hatte. Es war ein hartes Stück Arbeit, Mr. Webber, das können Sie mir glauben. Ich legte ihn hinein, ebnete die Erde darüber, bedeckte das Gras mit Blättern und mit Moos, so daß niemand erkennen konnte, wo es war. Dann ging ich zum Meer hinunter und wusch mich. Und dann ging ich heim. Sarah begruben wir am selben Tag.
Und nun bin ich endlich beim Ende der schlimmen Zeit angekommen. Von dem Tag an war Friede hier, und es wird auch hoffentlich in der Zukunft so bleiben. Quintal mußte sterben – soviel ist gewiß. Aber das war nur ein geringer Trost für mich, damals, als ich an seinem Grabe stand. Ja, auf der Insel war jetzt Frieden, aber in meinem Herzen nicht. Mr.

Young hatte die geringen Kräfte, die ihm noch geblieben waren, an diesem Tag verbraucht. Vierzehn Tage lang mußte er im Bett liegen. Dann ging es wieder ein wenig besser mit ihm. Er sah, wie es mit mir stand, wenn ich auch Quintals Namen nie aussprach und so tat, als wäre mir wohl zumute. Ihm habe ich es zu danken und den Kindern, daß ich über die Zeit hinwegkam.

Was für ein Segen die Kinder für uns waren, das kann ich nicht mit Worten sagen, Sir. Durch sie wurde unser Leben so verschieden von dem alten wie der Tag von der Nacht. Einundzwanzig waren es damals, von den neunjährigen bis hinunter zu den ganz kleinen. Von manchen, die denselben Namen trugen, wußten wir freilich nicht ganz genau, ob sie auch denselben Vater hatten.

Sie wissen ja, was für ein Leben wir geführt hatten; und dann waren ja auch in den letzten Jahren doppelt soviel Frauen da wie Männer. Sie werden es seltsam finden, Sir, aber nun, da Frieden herrschte, da wollten Balhadi und Taurua, unsere eigenen Frauen, es so, daß jede Frau, die sich nach Kindern sehnte, sie bekäme. Und wenn ich bedenke, wie nötig wir Kinder hatten und welchen Segen sie uns brachten, und wie wir gleich einer einzigen glücklichen Familie lebten, so kann ich nicht glauben, daß wir unrecht handelten. Und sie heilten unsere Herzen, die Kinder, und machten diese kleine Insel schließlich zu einem Himmel auf Erden. Das mag ein großes Wort sein, aber es war so. Kaum eine Stelle gab es, die mich nicht an etwas Trauriges oder Beschämendes erinnerte, und eine Zeitlang hatte ich eine Abscheu davor umherzuwandern. Aber die Kinder machten die Erde wieder gut und rein, wie sie früher gewesen war. Und allmählich verblaßten die alten Erinnerungen.

Nun muß ich Ihnen etwas erzählen, was bald nach Quintals

Tod geschah, denn es war der größte Segen für die späteren Jahre, wenn ich es auch damals noch nicht wußte.
Ich hatte die Gewohnheit, am Abend noch ein bißchen zu Young hinüberzugehen. Eines Abends kam ich erst spät hin, die Frauen und Kinder schliefen schon, und Young saß an seinem Tisch und schrieb in einem der alten Logbücher von der »Bounty«.
Als ich ihm neugierig zusah, fragte er mich: »Hast du eigentlich nie lesen und schreiben gelernt, Alex?«
»Ein bißchen schon, als ich noch ganz klein war«, antwortete ich, »aber ich habe alles wieder vergessen.«
»Möchtest du nicht wieder damit anfangen?« fragte er. »Ich würde dir helfen.«
»Natürlich möchte ich«, sagte ich, »aber du würdest bald genug davon haben, Ned, denn mir fällt das Lernen ziemlich schwer.«
»Darauf möchte ich es ankommen lassen«, meinte er, »und wenn du willst, fangen wir gleich morgen an.«
Gegen Abend hatte ich meinen täglichen Unterricht bei Young. Neun Monate lang ging es so; langsam, aber sicher lernte ich lesen. Ich kann gar nicht sagen, wie froh und stolz ich war, als ich es endlich heraushatte; und schreiben lernte ich auch. Freilich war es eine saure Arbeit. Dann wurde es wieder schlechter mit Youngs Gesundheit. Eines Nachmittags saß er, in Kissen gelehnt, auf einem Lehnstuhl, den ich für ihn gezimmert hatte. Ich brauchte ihm nur ins Gesicht zu sehen, um zu wissen, daß er dem Tode nahe war. Er sprach nicht viel, er saß nur da mit den Händen im Schoß und blickte aufs Meer hinaus. Wir waren allein. Auf einmal wandte er den Kopf. »Alex«, sagte er, »ich muß über ein paar Sachen mit dir sprechen.«
Mir tat das Herz weh, als er das sagte. Er hätte so gern noch gelebt. »Wenn je ein Schiff kommt«, sagte er, »und früher oder

später muß ja eins kommen, so sagst du ihnen am besten, wer wir sind. Wenn ein Mensch an Bord ist, dem du trauen kannst, dann sage ihm alles, Alex, was hier geschehen ist.«

»Das will ich tun, Ned«, sagte ich.

»Du bist als einziger von uns übriggeblieben, um die Kinder aufzuziehen. Das ist eine große Aufgabe. Erfülle sie gut. Ich weiß, daß du das tun wirst.« Er nahm meine Hand und hielt sie lange fest. »Das ist alles«, sagte er. »Ich wäre gern noch bei euch geblieben, Junge, aber es hat nicht sein sollen.«

Ich konnte nicht sprechen, Sir; alles, was ich tun konnte, war, seine Hand festzuhalten, und dabei liefen mir die Tränen über das Gesicht. In derselben Nacht starb er; Mrs. Christian, Taurua und ich waren bei ihm. Am nächsten Tag begruben wir ihn.

Und nun bin ich am Ende meiner Erzählung angelangt. Ich könnte noch viele Nächte lang weitererzählen, aber ich will Ihre Geduld nicht zu sehr auf die Probe stellen. Unser Leben vergeht so ruhig wie ein Sommertag. Seit Quintals Tod hat es nie den geringsten Streit zwischen uns gegeben. Wir leben für die Kinder. Ihre Mütter und ich, wir haben nur den einen Gedanken, ihr Leben ebenso glücklich zu machen, wie das unsere in den alten Tagen unglücklich war.

Hin und wieder, wenn ich fischen gehe, komme ich an der Stelle vorbei, wo das Wrack der »Bounty« lag. Dann blicke ich manchmal hinunter und denke an die Zeit, als ich noch ihr Deck unter den Füßen hatte. Ich denke an den Tag, an dem wir aus dem Hafen von Portsmouth ausfuhren, alle voll Begierde, die fremden Inseln kennenzulernen. Wir hatten keine Ahnung davon, was uns bevorstand und welches Ende manche von uns nehmen würden.

Wir haben ein großes Unrecht begangen, als wir Kapitän Bligh mit all seinen unschuldigen Begleitern aussetzten. Er war ein harter Mann und ein ungerechter Mann. Aber soviel wir auch

von ihm zu erdulden hatten, wir hätten uns des Schiffes nicht bemächtigen dürfen; niemand wußte das besser als Christian, als es schon zu spät war. Wir wurden für unsere Tat bestraft, wie wir es verdienten.
Sie glauben gar nicht, welche Freude Sie mir machten, als Sie mir sagten, daß Kapitän Bligh und seine Leute sich durchgekämpft haben. Jetzt kann ich meinen inneren Frieden finden.

Als am nächsten Tag die Sonne unterging, saß Alexander Smith auf dem Aussichtspunkt oberhalb der Bountybucht. Tiefer unten, auf den Klippen und am Strand, waren die anderen Bewohner von Pitcairn, und alle blickten nach Osten aufs Meer hinaus. Die »Topaz« entfernte sich, von einer frischen westlichen Brise getrieben, rasch vom Land und hob sich von der unendlichen blauen Fläche des Meeres wie ein Kinderspielzeug ab. Smith wandte sich zu einem kleinen Mädchen an seiner Seite, das leise schluchzte. »Na, Mary, beruhige dich doch, sonst fangen wir anderen am Ende auch noch zu weinen an.«
Sie hob den Kopf und versuchte unter Tränen zu lächeln.
»Es ist traurig, daß sie so rasch wieder abfahren mußten«, sagte sie. »Kommen sie nie zurück?«
»Das kann ich dir nicht sagen, mein Kind. Aber wer weiß! Vielleicht kommen sie irgendwann einmal zurück.«
»Wohin fahren sie, Alex?« fragte einer der Knaben.
»In ihre Heimat . . . die ist weit weg . . . viele tausend Meilen von hier.«
»Dann werden wir sie sicherlich nie wiedersehen!«
»Jetzt fang nur nicht wieder an zu weinen, Mary! Willst du nicht, daß Kapitän Folger und Mr. Webber ihre Familien wiedersehen? Mr. Webber hat drei Kinder, die warten zu Hause auf ihn; das größte ist so alt wie du. Stell dir nur einmal vor, wie die sich freuen werden, wenn er heimkommt!«

»Ja, er soll heimkommen. Aber er soll auch wieder zurückkommen. Es ist so weit . . . Wo ist seine Heimat?«
»Dort drüben.«
»Sieht es dort so aus wie bei uns?«
»Nun ja, so ähnlich; aber doch auch wieder anders. Es ist ein großes Land, in dem er lebt. Du könntest Hunderte von Ländern wie das hier zusammensetzen . . . Tausend . . . und es wäre noch immer nicht so groß wie seines. Und im Winter ist es kalt dort. So kalt, daß die Bäche und Flüsse zufrieren.«
»Was ist das, zufrieren?«
»Ja, Kind, so genau kann ich dir das nicht erklären. Es wird kälter und immer kälter, und am Ende wird das Wasser ganz hart wie ein Felsen, und du kannst darauf spazierengehen.«
»Warum hast du uns nie von den anderen Ländern erzählt?«
»Es ist so lange her, daß ich dort gewesen bin! Ich habe beinahe vergessen, daß es so etwas gibt.«
»Aber jetzt wirst du uns davon erzählen, nicht wahr?«
Alle wandten einen Augenblick lang ihren Blick von dem fernen Schiff ab und schauten Alex Smith begierig an.
»Erzähl uns von den fremden Ländern, Alex . . . erzähl uns!«
»Ruhig, ruhig, Kinder, vielleicht werde ich euch . . .«
»Versprich es uns, Alex!«
»Ja, ich verspreche es euch. Aber nicht heute. Nächstens einmal, wenn ihr es dann noch hören wollt. So, jetzt lauft voraus. Ich komme gleich nach.«
Es wurde schnell dunkel. Im Osten schimmerten die ersten Sterne. Das Schiff war jetzt am fernen Horizont nur noch als Punkt zu sehen. Reglos, das Kinn in die Hände gestützt, blickte der alte Seemann ihm nach, bis es nicht mehr zu sehen war. Endlich stand er auf und ging langsam den Pfad hinab, der zu den Häusern führte.